最低限必要な
マクロ経済学

要点だけで
完全理解

Noguchi Mitsunori

野口光宣 著

日本評論社

はしがき

　数年前、自分の大学の経済学部で突然、主に新入生対象の「マクロ経済学入門」という科目を担当する羽目になった。

　そこでまず困ったのは、適当な教科書の選択であった。経済関係の専門書を扱う、あちこちの書店を歩き回り、本棚に溢れんばかりに並ぶマクロ経済学のテキストに片っ端から目を通した。

　まず、分厚いものが多いのに気付いた。物事を懇切丁寧に説明しようという著者の配慮から、ページ数がとてつもなく増えてしまったのだろう。一冊手にとってひも解いてみると、分厚いだけあって、一つ一つの事柄が例をふんだんに用いて事細かに説明されていた。そのとき率直に「これでは説明が長すぎる、テキストが厚すぎる」と思った。携帯メールで仲間同士のコミュニケーションをとるわれわれの世代は、冗長で丁寧な説明よりも、携帯メールでの文章のように簡潔でピタッと本質をいい当てたような表現による説明の方を好む。

　つぎに、厚さは薄いが、いかにも難解そうな数式で埋まっているものがかなり目に付いた。「微分」「積分」「統計」など、高校三年間かけて習うような数学が次から次へと顔を出す。「文系人間では歯が立たないな」と思った。そして、マクロ経済学を学ぶ上で、本当にこんなにたくさん数学が必要なのだろうかという疑問がわいた。

　結局これら両極端の中間程度と思われるテキストを選び、ここ数年間授業で使ってみた。経済学のテキストとしてはかなり薄い方で、使っている数学もせいぜい高校一年程度のものだった。しかし使っていて、まだ説明が冗長すぎる、そして不必要に数学を使い過ぎていると感じた。

　そこで、これらのことを踏まえ、マクロ経済学の平均的なテキストの扱う

個々のトピックについて、普通なされている冗長な説明を自分流に短くアレンジし講義ノートとしてまとめてみることにした。その作業をする中で、マクロ経済学の学習には高度な数学など必要無く、中学校程度の数学の知識があれば十分だということが分かった。複雑な数式や関数など使わなくても、数値例と計算を工夫すればコンセプトを理解させることは十分にできるのである。また、国内外のテキストを問わず、既存のものには「贅肉」が多すぎると思うようになった。

そこで思いついたのが、「国民経済計算」から始まって「国際マクロ経済学」に至る通常のマクロ経済学の道程を完走するために、ギリギリ必要な知識の量にまでテキストの内容を絞り込むということだった。ただし、無味乾燥な単なる「まとめ」になってしまっては、学ぶ者の想像力を刺激し、知的成長を促すという教科書本来の意義が損なわれてしまう。そこで、ケインズのオリジナルなアイディアを随所で紹介し、本書がマクロ経済学の啓発書となることも目指した。これらの大言壮語が本書においてどれほど実現しているかは読者諸氏の判断に委ねるところであるが、本書が数学に距離を感じる学生や社会人の方々にとって、新しいタイプのマクロ経済学の入門書となってくれれば幸いである。

本書の執筆において、ケインズ著 *The General Theory of Employment, Interest and Money,* 1936（いわゆる『一般理論』）を大いに参考にした。本書を仕上げる段階で、多忙な中、原稿に目を通してくださった名城大学の伊藤志のぶ先生、掲載データの誤りを指摘してくださった同じく名城大学の鈴木英夫先生に衷心より感謝の意を表したい。最後に本書の企画・出版にご尽力くださった日本評論社・第2編集部の斎藤博氏に深く謝意を表したいと思う。

2010年5月

野口光宣

目　次

はしがき　iii

第 1 章　国民経済計算 ──────── 1

1.1　マクロ経済学とは何か　1
1.2　経済主体のグループ分け　1
1.3　市場の種類　2
1.4　国内総生産（Gross Domestic Product, GDP）　2
1.5　国内総所得（Gross Domestic Income, GDI）　4
1.6　国内総支出（Gross Domestic Expenditure, GDE）　5
1.7　三面等価の原則　7
1.8　国民総所得（Gross National Income, GNI）　8
1.9　「純」概念と狭義の国民所得　9
1.10　GDP デフレーター（GDP Deflator）　10
1.11　国民経済計算確報　12
　■練習問題　12

第 2 章　消費と貯蓄 ──────── 15

2.1　可処分所得　15
2.2　ケインズ型消費関数　15
2.3　ケインズ型貯蓄関数　17
2.4　財・サービスの総供給 Y_s と総需要 Y_d　19
2.5　IS バランス　20

2.6 貯蓄のパラドックス　21
   ■練習問題　22

第3章　国民所得の決定と有効需要 ——————————— 23

   3.1 政府部門を考慮する場合の財・サービスの総供給 Y_s と総需要 Y_d　23
   3.2 政府部門を考慮する場合の均衡国民所得 Y^* と IS バランス　24
   3.3 均衡国民所得の増加・減少要因　25
   3.4 有効需要　26
   ■練習問題　29

第4章　乗数分析 ————————————————————— 31

   4.1 乗数理論　31
   4.2 乗数効果　33
   4.3 政府支出乗数　35
   4.4 租税乗数　35
   4.5 均衡予算乗数　36
   ■練習問題　37

第5章　投資の限界効率と利子率 ————————————— 39

   5.1 割引現在価値　39
   5.2 投資の供給価格と需要価格　40
   5.3 投資の限界効率　41
   5.4 総投資の限界効率表　42
   5.5 投資関数　44
   5.6 インフレ期待とリスクプレミアムの投資への影響　45
   ■練習問題　46

目　次

第6章　貨幣、債券、利子率と流動性選好　———— 47

6.1　貨幣　47
6.2　資料　準備預金制度における準備率 Reserve Requirement Ratios　50
6.3　資料　日本銀行勘定 Bank of Japan Accounts
　　　：負債および純資産　50
6.4　中央銀行負債としての貨幣　50
6.5　中央銀行の金融政策と乗数効果　53
6.6　債券　55
6.7　利子率　56
6.8　コンソル債　58
6.9　将来利子率の不確実性と流動性選好　59
　■練習問題　61

第7章　流動性関数とその性質　———— 63

7.1　流動性選好（貨幣保有）動機　63
7.2　流動性関数　64
7.3　流動性の罠　67
7.4　ワルラス法則　68
　■練習問題　69

第8章　IS-LM 分析　———— 71

8.1　財・サービス市場の均衡と IS 曲線　71
8.2　IS 曲線の性質　72
8.3　貨幣市場の均衡化プロセス　74
8.4　貨幣市場の均衡と LM 曲線　75
8.5　LM 曲線の性質　76

8.6　財・サービス市場と貨幣市場の同時均衡　77
　■練習問題　79

第9章　総需要管理政策 ── 81

9.1　財政政策　81
9.2　金融政策　82
9.3　投資の利子弾力性　84
9.4　貨幣需要の利子弾力性　85
9.5　利子弾力性と財政・金融政策の有効性　85
　■練習問題　88

第10章　労働市場 ── 91

10.1　物価 P が一定の場合の労働市場　91
10.2　有効需要の原理　95
　■練習問題　98

第11章　AD-AS 分析 ── 101

11.1　総供給曲線 AS　101
11.2　古典派の総供給曲線（AS 曲線）　101
11.3　ケインズの総供給曲線（AS 曲線）　102
11.4　総需要曲線（AD 曲線）　103
11.5　総需要管理政策と AD 曲線のシフト　104
11.6　AD-AS 分析　105
　■練習問題　107

目　次

第12章　国際マクロ経済学 ── 109

- 12.1　国際収支統計　109
- 12.2　平成21年8月10日財務省報道発表　111
- 12.3　国際収支の推移　114
- 12.4　外国為替　116
- 12.5　外国為替市場　117
- 12.6　固定為替相場制と変動為替相場制　119
- 12.7　為替レートの決定理論　120
- 12.8　貿易収支の決定理論　121
- 12.9　完全雇用小国の国際収支決定理論　124
- 12.10　外国貿易乗数　126
- 12.11　BP曲線　128
- ■練習問題　132

第13章　マンデル・フレミングモデル ── 135

- 13.1　資本移動が完全自由な場合（変動相場制の場合）　136
- 13.2　資本移動が完全自由な場合（固定相場制の場合）　138
- 13.3　資本移動がない場合（変動相場制の場合）　140
- 13.4　資本移動がない場合（固定相場制の場合）　142
- ■練習問題　144

第14章　まとめ ── 145

- 付録A　問題の解答　157
- 付録B　索引　173

第1章 国民経済計算

1.1 マクロ経済学とは何か

　ミクロ経済学が、個々の経済主体（家計や企業）の経済活動の分析に基づいて、市場メカニズムの働き（資源の効率的配分など）を解明することをおもな目的とするのに対して、マクロ経済学は、個々の経済活動を集計して得られる、経済全体の動向の分析に基づいて、マクロ経済変数（国民所得、消費、投資、利子率、物価、マネーサプライなど）の間で成り立つ関係を解明し、経済政策の有効性・無効性についての議論に役立てることなどを目的とする。一国の経済活動の状態を、一定期間における財・サービスの取引と所得・金融資産の流れといったフロー面（要するにモノとカネの流れ）、および、一時点における資産・負債といったストック面から体系的に記録したもののことを国民経済計算という。わが国の国民経済計算は、1993年に国連が勧告した国際基準（93SNA）に準拠してなされている。

1.2 経済主体のグループ分け

　マクロ経済学では国の経済活動を担う個々の経済主体を次の四つの部門にグループ分けし、各部門をあたかも一人の経済主体であるかのように扱う。
　　家計部門　財・サービスを消費する。また、労働を供給する。
　　企業部門　財・サービスを生産する。そのための投資を行う。また，労働を需要する。

政府部門 租税を用いて財・サービスを消費したり公共投資（道路や公園の建設など）を行ったりする。また、経済をコントロールするために経済政策を策定し実施する。

海外部門 財・サービスの輸出入や資本取引の相手となる諸外国の総体。

1.3 市場の種類

マクロ経済学では次の3種類の市場とそれらの関連性を考察する。

財・サービス市場 企業や個人事業主の生産する財・サービスが取引される市場。単に「財市場」と呼ばれることが多い。

資産市場 貨幣と債券が取引される市場。ケインズは貨幣以外の資産を一まとめにして債券と呼んだ。後でわかるように、貨幣市場と表・裏の関係にある。

労働市場 家計と企業の間で取引される労働の市場。

1.4 国内総生産（Gross Domestic Product, GDP）

> 国内総生産とは、一定期間（通常1年間）に国内で生み出された財・サービスの付加価値の合計を市場評価したもの。

1. いわゆる「原材料」のことを**中間生産物**といい、最終的に使用される財のことを**最終生産物**という。**付加価値**とは新たに付け加えられた価値のことで、生産された財の価値から中間投入された財の価値を差し引いたものに等しい。おおざっぱに言うと、（売上−原材料費）のこと。
2. 中間生産物には海外から輸入された財・サービスも含まれる。
3. 帰属計算（みなし計算）によっても市場価格の付かない、例えば主婦の家事労働が生み出した付加価値はGDPに計上されない。
4. 生産と無関係な価格の変動による価値の増減はGDPに計上されない。例

えば土地や株のキャピタル・ゲイン（ロス）など。

5．GDPは**居住者たる生産者**によって国内で生み出された付加価値だともいえる。ただし、ここでいう「居住者たる生産者」とは**国内領土**で生産活動をする経済主体という意味なので、日本人である必要はない。例えば、外国企業の在日子会社や支店（準法人）が生み出した付加価値も日本のGDPに計上される。ただし、「国内領土」とは、その国の領土から外国政府または国際機関の公館および軍隊を除いたものに、領土外にある自国の公館及び軍隊を加えたものである。

6．日本企業の現地法人や海外支店が生み出した付加価値は日本のGDPには計上されない。

7．日本国内にある、国際機関の公館及び軍隊で生み出された付加価値は日本のGDPには計上されない。

8．GDPは市場価格表示なので、国内産品および輸入品に課される**間接税**（財・サービスに直接課される税、つまり、間接に個人に課される税で、消費税、たばこ税、酒税、揮発油税、関税など）が含まれている。

9．輸入中間生産物がない場合には、

$$\text{GDP} = \text{国内最終生産物の価値の合計}。$$

問題1 生卵は中間生産物か、それとも最終生産物か。

問題2 小麦粉農家、卵農家、クレープ屋の3人からなる国がある。小麦粉農家は原材料を使わずに10,000円分の小麦粉を生産し、クレープ屋に販売した。また、卵農家はやはり原材料を使わずに15,000円分の卵を生産し、クレープ屋に販売した。クレープ屋は1枚500円のクレープを60枚生産し、すべて販売した。小麦粉農家、卵農家、クレープ屋の生み出した付加価値をそれぞれ計算し、この国のGDPを求めよ。

問題3 上の例において、「GDP＝国内最終生産物の価値の合計」という等式が成り立っていることを確かめよ。

GDPを用いると一国の過去一年間の**経済成長率**（GDP成長率）を次のようにして求めることができる。

$$経済成長率 = \frac{今年のGDP - 昨年のGDP}{昨年のGDP}$$

経済成長率が正だということは、国の経済が拡大局面（好景気）にあることを意味し、逆に負だということは、国の経済が縮小局面（不景気）にあることを意味する。

1.5 国内総所得（Gross Domestic Income, GDI）

国内総所得とは、一定期間（通常1年間）に国内で生み出された財・サービスの付加価値が、生産活動に貢献した経済主体に分配されたものの合計のこと。

したがって二面等価

$$GDP = GDI$$

が成り立つ。

問題4 小麦粉農家、卵農家、クレープ屋の3人からなる国の例において、それぞれの経済主体に分配された所得を求め、その合計がGDPに等しいことを確認せよ。

家計が労働提供の対価として受け取る賃金を**雇用者報酬**といい、家計・企業や個人事業主が生産活動から得る利潤のことをそれぞれ**営業余剰**、**混合所得**という。さて、生み出されたGDPはすべて雇用者報酬および営業余剰・混合所得として分配されるのだろうか？　答えは否である。

1. 市場価格表示のGDPには間接税（控除補助金）が含まれるので、家計と企業への分配に先立ち、まず間接税が差し引かれなければならない。

2．財・サービスの生産には工場・設備などのような、再生産可能な固定資産が必要である。通常の破損および損傷などから生じる固定資産の減価分（**固定資本減耗**）は、固定資産を代替するための費用としてGDPの一部を構成する。これは会計上の減価償却費に相当する。例えば、建設費20億円の工場の耐用年数が10年だとすると、定額法を用いる場合、毎年2億円が減価償却費として計上され、減価償却引当金などの形で企業内部に留保される。

以上のことを考慮して調整すると、家計と企業の受取は

$$雇用者報酬＋営業余剰・混合所得 ＝ GDP －（間接税－補助金）－固定資本減耗$$

となるので、

$$\begin{aligned}GDP &＝雇用者報酬＋営業余剰・混合所得＋固定資本減耗\\&\quad＋（間接税－補助金）\\&＝GDI\end{aligned}$$

という等式が得られる。

1.6　国内総支出（Gross Domestic Expenditure, GDE）

> 国内で生産された財・サービスに輸入された財・サービスを加えたものから海外への輸出を除いたものは、国内の生産過程に中間投入（中間消費）されるか、家計または政府によって最終消費されるか、国内で投資（資本形成）され、過不足は在庫品増加となる。

1．国内の資本形成（**国内総固定資本形成**）には住宅投資（家を建てる）、設備投資（工場などを建てる）、公共投資（政府が道路や橋を作る）などがある。コンピュータソフトウエアなどの無形固定資産の資本形成も含まれる。

2．いわゆる「売れ残り」は在庫投資（**在庫品増加**）として独立に計上される。
3．家計によってなされる最終消費の総額のことを**民間最終消費支出**、政府によってなされる最終消費の総額のことを**政府最終消費支出**、そして海外需要の総額のことを**輸出**という。
4．国内で生産された財・サービス（在庫品含む）と輸入された財・サービスは、売れ残りを除き、国内各部門と海外部門によってすべて需要されるので

$$\begin{aligned}\text{財・サービスの総供給}&=\text{国内で生産された財・サービス}+\text{輸入}\\&=\text{中間消費}+\text{民間最終消費支出}\\&\quad+\text{政府最終消費支出}+\text{国内総固定資本形成}\\&\quad+\text{在庫品増加}+\text{輸出}\end{aligned}$$

となる。したがって、国内で生産された財・サービスに対する需要は

中間消費＋民間最終消費支出＋政府最終消費支出＋国内総固定資本形成＋在庫品増加＋（輸出－輸入）

で与えられる。そこで国内総支出（GDE）を国内で産出された付加価値（要するにGDP）、つまり

$$\text{国内で生産された財・サービス}-\text{中間生産物}$$

による支出と定義すると、

$$\text{中間生産物}=\text{中間消費}$$

であることにより

$$\begin{aligned}\text{GDP}&=\text{GDE}\\&=\text{民間最終消費支出}+\text{政府最終消費支出}\\&\quad+\text{国内総固定資本形成}+\text{在庫品増加}+（\text{輸出}-\text{輸入}）\end{aligned}$$

という等式が得られる。

次の例をみてみよう。国内卵農家が原材料を使わずに15,000円分の卵を生産し、クレープ屋に販売した。クレープ屋は中国から10,000円分の小麦粉を輸入

し、1枚500円のクレープを100枚生産してすべて販売した。また、クレープ屋の主人は奥さんのために20,000円のバッグをフランスから輸入した。この場合、

$$\begin{aligned}\text{国内で生産された財・サービス} &= 50{,}000 + 15{,}000 \\ &= 65{,}000 \\ \text{中間生産物} \quad &= 15{,}000 + 10{,}000 \\ &= 25{,}000\end{aligned}$$

なので、GDP は $65{,}000 - 25{,}000 = 40{,}000$ 円となる。さらに、

$$\begin{aligned}\text{民間最終消費支出} &= 50{,}000 + 20{,}000 \\ &= 70{,}000 \\ \text{政府最終消費支出} &= 0 \\ \text{国内総固定資本形成} &= 0 \\ \text{在庫品増加} &= 0 \\ \text{輸出} - \text{輸入} &= 0 - (10{,}000 + 20{,}000) \\ &= -30{,}000\end{aligned}$$

なので

$$\begin{aligned}\text{GDE} &= 70{,}000 - 30{,}000 \\ &= 40{,}000\end{aligned}$$

となり、GDP = GDE となっていることが容易に確認できる。

1.7 三面等価の原則

これまでの議論から**三面等価**

$$\text{GDP} = \text{GDI} = \text{GDE}$$

が成り立つことが分かった。

国民経済計算では、付加価値の分配は発生と同時になされるものとして扱われるが、付加価値による支出は、いずれ余すところなくなされるものとして扱

われる。したがって GDP = GDI という二面等価は事前的に成り立つが、GDP = GDE という二面等価は「売れ残り」を調節した後で事後的に成り立つに過ぎない。生産は事前の売り上げ見込みのもとでなされるので、実際には「売れ残り」が発生する。国民経済計算では、この「売れ残り」を「意図せざる在庫品増加」として GDE に計上することにより、事後的に帳尻を合わせている。これは「売れ残り」を自分自身に対して売ったことにしてしまうのと同じである。

GDP = GDI という二面等価について、もう少し詳しく説明する。国民経済計算における所得の受払の記録は、支払いが実際に行われた時点ではなく、支払い義務が発生した時点でなされる。つまり、所得の受払を「現金主義」ではなく「発生主義」の原則に従って記録するのである。消費支出や資本形成の記録についても同様である。「発生主義」の原則に従うならば、所得の受払は取引の記録時点として支払い義務が発生した時点をとるので、付加価値の生産＝分配という等式が成り立つのは当然であるといえる。

1.8 国民総所得（Gross National Income, GNI）

> 国民総所得とは、一定期間（通常1年間）に一国の国民によって生み出された財・サービスの付加価値の合計のこと。

1. 厳密にいうと、GNI とは「外国為替及び外国貿易管理法」の規定する**居住者主体**（国民）によって生み出された付加価値のことである。
2. その国の領土に6ヶ月以上の期間居住する個人は、外国人でも居住者たる個人、つまり国民扱いとなる。
3. 一般に、国外に2年以上居住する個人は国民ではなく、外国人扱いとなる。
4. GDP は国内の自国民が得た所得＋国内の外国人が得た所得（海外に対する所得）に等しく、GNI は国内の自国民が得た所得＋海外で自国民が得た

所得（海外からの所得）に等しい。したがって

$$GNI = GDP + 海外からの所得 - 海外に対する所得$$

という等式が成り立つ。

> **問題5** 世界が、日本と「海外」の2国からなると仮定する。日本のGDPを100兆円、「海外」のGDPを210兆円とするとき、外国人が日本国内で20兆円稼ぎ、自国である「海外」で200兆円稼いだとする。このとき日本のGNIはいくらか。

1.9 「純」概念と狭義の国民所得

国民経済計算の「純」概念には二つの意味がある。一つは「正味（net）」という意味で、もう一つは「固定資本減耗控除後」という意味である。

1. **純**間接税＝間接税－補助金
2. **純**輸出＝輸出－輸入
3. 海外からの**純**所得＝海外からの所得－海外に対する所得
4. 国民総所得（Gross National Income, GNI）に対して、国民**純**所得を

$$国民純所得（Net\ National\ Income,\ NNI）= 国民総所得（GNI）- 固定資本減耗$$

として定義する。

国民純所得は純間接税を含むので**市場価格表示の国民所得**とも呼ばれる。また、国民純所得から純間接税を控除して得られる

$$狭義の国民所得（NI）= 国民純所得（NNI）- 純間接税$$

は、自国民の得た雇用者報酬と営業余剰・混合所得を表わしているので、**要素費用表示の国民所得**とも呼ばれる。

1.10 GDP デフレーター（GDP Deflator）

　財としてハンバーガーだけを生産し消費する国があったとする。仮にこの国のハンバーガーの生産額が1,000万円で、生産量が50,000個だとすると、財（ハンバーガー）の価格（物価）は200円になる。

$$価格（物価）は200円 = \frac{生産額1,000万円}{生産量50,000個}$$

　このように、財が1種類しかない場合には、その財の価格がそのまま物価水準の指標となるが、財が複数ある場合には、それらの価格を何らかの方法で合成して、適当な指標を作らなければならない。以下で説明する **GDP デフレーター** はそのような指標（物価指数）の一つである。

　財・サービスの価値を計測時点（いま）の価格によって評価し、算出したGDP のことを **名目 GDP** という。いま、名目 GDP が仮に2倍に増えたとする。そのときこのことだけから、その国の産出量が2倍になったと結論付けてよいだろうか。それは必ずしも正しいとは言えない。実質的な産出量は前と同じで物価が2倍になっただけかもしれないからである。そこで適当な基準時点（例えば2005年）を決め、計測時点の財・サービスを、基準時点の価格によって再評価し、「実質的」な産出量を求めるという方法をとる。名目 GDP を基準時点の価格で再評価したもののことを実質 GDP という。そして、ある年の名目 GDP が実質 GDP のたとえば2倍であった場合、産出量は前と同じで「物価」だけが2倍になったと考えるのである。この考えに基づいて

$$GDP デフレーター = \frac{名目GDP}{実質GDP}$$

を物価水準の指標として用いる。

　GDP デフレーターは物価指数なので、それを用いてインフレ率（物価上昇率）を定義することができる。例えば2000年から2001年までの1年間のインフレ率は

第 1 章　国民経済計算

表1.1　国内総生産勘定（生産側及び支出側）

(単位：10億円)

項　目	昭和63年度 (1988)	平成10年度 (1998)	平成20年度 (2008)
雇用者報酬	198,537.9	274,097.4	262,253.7
営業余剰・混合所得	101,940.9	88,024.4	73,970.5
固定資本減耗	60,029.5	98,154.6	107,942.5
生産・輸入品に課される税	31,142.1	43,525.0	41,792.7
（控除）補助金	3,298.2	4,173.2	2,923.9
統計上の不突合	−666.7	3,696.0	11,163.2
国内総生産（生産側）	387,685.6	503,324.1	494,198.7
民間最終消費支出	206,790.0	282,999.2	288,104.9
政府最終消費支出	52,298.8	80,860.1	93,555.4
（再掲）			
家計現実最終消費	235,751.0	327,311.4	340,572.3
政府現実最終消費	23,337.8	36,547.9	41,088.0
総固定資本形成	118,975.2	129,173.1	112,742.0
うち無形固定資産	5,930.9	8,347.2	10,115.4
在庫品増加	1,518.0	721.5	1,712.1
財貨・サービスの輸出	38,648.9	53,493.8	78,314.2
（控除）財貨・サービスの輸入	30,545.3	43,923.5	80,229.9
国内総生産（支出側）	387,685.6	503,324.1	494,198.7
（参考）海外からの所得	10,672.2	13,562.7	23,092.3
（控除）海外に対する所得	8,440.9	6,708.8	7,794.2
国民総所得	389,916.9	510,178.0	509,496.8

出所：図1.1　内閣府『国民経済計算確報（平成20年度）』より1988年、1998年、2008年の各年度分を抜粋

$$\frac{2001年のGDPデフレーター - 2000年のGDPデフレーター}{2000年のGDPデフレーター}$$

となる。

　マクロ経済学には、GDP以外にも名目値と実質値を区別しなければならない量がある。金利、貨幣供給、賃金などがそうである。これらの場合も、名目値は計測時点の価格による価値の評価であり、実質値は基準時点の価格による価値の評価である。金額表示の量の実質値は、名目値を単にデフレーターで割

るだけで求まる。

これから先、国内総生産（GDP）のことを単に**総供給**（Y_s）、国内総支出（GDE）のことを単に**総需要**（Y_d）、国内総所得（GDI）のことを単に**国民所得**（Y）、民間最終消費支出のことを単に**消費**（C）、（国内総固定資本形成－公共投資＋在庫品増加）のことを単に**投資**（I）、（政府最終消費支出＋公共投資）のことを単に**政府支出**（G）、GDPデフレーターのことを単に**物価**（P）と呼ぶことにする。

1.11 国民経済計算確報（参考資料）

表1.1の中に出てくる「生産・輸入品に課される税」とは我々のいう「間接税」のことであり、「統計上の不突合（ふとつごう）」とは推計方法の違いから発生する統計上の誤差のことである。

注：本章を執筆するにあたり、内閣府ホームページ上の「統計情報・調査結果」中にある「国民経済計算（SNA）関連統計」を参考にした。

■練習問題

穴埋め問題

1．マクロ経済学においては、（　　　）、（　　　）、（　　　）、（　　　）の4部門が経済主体だと考えてよい。
2．マクロ経済学の扱う市場は（　　　）市場、（　　　）市場、（　　　）市場の三つである。
3．国内総生産とは、（　　　）に（　　　）で生み出された財・サービスの（　　　）を（　　　）したものである。
4．GDI＝雇用者報酬＋営業余剰・混合所得＋（　　　）＋（間接税－補助金）である。
5．GDE＝民間最終消費支出＋政府最終消費支出＋（　　　）＋在庫品増加＋（輸出－輸入）である。
6．三面等価の原則は（　　　）的に成り立つ。

7．GNI = GDP +（　　　）である。
8．GDPデフレーター = $\dfrac{(\quad)}{(\quad)}$ である。

計算問題

1．卵農家、クレープ屋の 2 人からなる国がある。卵農家は原材料を使わずに15,000円分の卵を生産し、クレープ屋に販売した。クレープ屋は10,000円分の小麦粉を海外から輸入し、1 枚500円のクレープを60枚生産して50枚販売した。この国のGDPを求めよ。

2．2010年に米が10トンと車が 5 台生産された。この年の市場価格は米が 1 トン100万円、車が 1 台200万円であった。また、GDPデフレーター計算上の基準時点である2005年には、同じ米が 1 トン70万円、車が 1 台180万円であった。2010年のGDPデフレーターはいくらになるか。また、2010年の名目賃金が625万円であるとすると、実質賃金はいくらになるか。

3．以下のデータを用いて雇用者報酬を求めよ。

営業余剰	1,000
混合所得	100
民間最終消費支出	2,200
在庫品増加	40
輸出	700
輸入	500
固定資本減耗	550
政府最終消費支出	450
国内総固定資本形成	1,700
間接税	350
補助金	60

第2章 消費と貯蓄

2.1 可処分所得

国民所得 Y から**租税** T（ここでは一定の一括税と仮定）を控除したもの $(Y-T)$ は、国民が自由に処分できる所得なので、**可処分所得**と呼ばれる。マクロ経済学では、**貯蓄** S を、可処分所得 $(Y-T)$ のうち、消費に使われなかった残りの部分として定義する。したがって、消費を C とすると、

$$S = (Y-T) - C$$

が成り立つ。マクロ経済学の世界では貯蓄をこのように定義するので、可処分所得 $(Y-T)$ は消費されるか貯蓄されるかのどちらかになる。

$$Y - T = C + S$$

2.2 ケインズ型消費関数

可処分所得 $(Y-T)$ のうち、その一定割合

$$c(Y-T)$$

が消費に使われると考える。ここで c は $0 < c < 1$ を満たす定数で、可処分所得のいかなる割合が消費に使われるかを示す。例えば、可処分所得の半分を消費に使う国民の場合、$c = 0.5$ となる。c は**限界消費性向**と呼ばれる。

問題6 ある国の国民は国民所得が50兆円のとき、可処分所得のうち20兆円を消費に使い、国民所得が60兆円のとき、可処分所得のうち25兆円を消費に使った。この国民の限界消費性向を求めよ。

限界消費性向が c である国民は、国民所得が 1 単位増加するとき、消費を c 単位増加させる。したがって、国民所得の増分が ΔY であるとき、消費の増分 ΔC は

$$\Delta C = c\Delta Y$$

となるので、

$$c = \frac{\Delta C}{\Delta Y}$$

が成り立つ。

仮に可処分所得がゼロだとしても、国民は生存を維持するために最低限度の消費を行わねばならない。ケインズはそのような消費のことを**基礎消費**と呼んだ。基礎消費を C_0 とするならば、ケインズ型消費関数は

$$C(Y) = c(Y - T) + C_0$$

で与えられる（図2.1参照）。また、政府部門を無視して考える場合 ($T = G = 0$)、それは

$$C(Y) = cY + C_0$$

となる。

問題7 政府部門を無視できる国がある ($T = G = 0$)。この国の国民の基礎消費を100兆円、限界消費性向を 0.2 として消費関数のグラフを描け。ただし消費 C を縦軸、国民所得 Y を横軸とせよ。

問題8 ある国において租税が40兆円、国民の基礎消費が80兆円、国民所得が

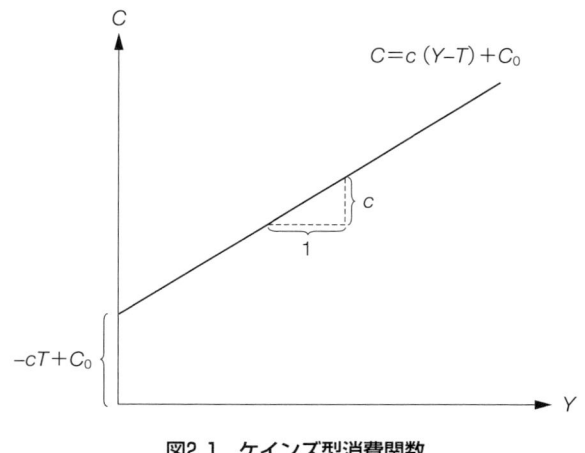

図2.1　ケインズ型消費関数

200兆円であるとき、国民は160兆円消費した。この国民の限界消費性向を求めよ。

2.3　ケインズ型貯蓄関数

貯蓄の定義式 $S \equiv (Y-T)-C$ の中の C にケインズ型消費関数を代入すると、ケインズ型貯蓄関数

$$S(Y) = (Y-T)-\{c(Y-T)+C_0\}$$
$$= (1-c)(Y-T)-C_0$$

が得られる。ここで

$$s \equiv 1-c$$

とおくと、貯蓄関数は

$$S(Y) = s(Y-T)-C_0$$

となり、貯蓄 S を縦軸、国民所得 Y を横軸にとるとき、そのグラフは縦軸切片が $-sT-C_0$ で傾きが s の直線となる（図2.2参照）。s は**限界貯蓄性向**と呼ばれる。国民所得の増分が ΔY のとき、貯蓄の増分は

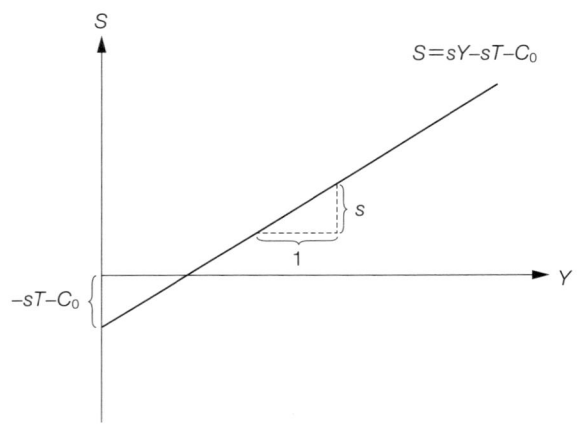

図2.2 ケインズ型貯蓄関数

$$\Delta S = s \Delta Y$$

となるので、

$$s = \frac{\Delta S}{\Delta Y}$$

が成り立つ。また、定義により

$$c + s = 1$$

が成り立ち、s は不等式 $0 < s < 1$ を満たす。
政府部門を無視して考える場合 ($T = G = 0$) の貯蓄関数は

$$S(Y) = sY - C_0$$

となる。
　消費関数と貯蓄関数は、両方とも国民所得 Y の1次関数で、その傾きは正である。よって、両方とも国民所得 Y の増加関数である。

| **問題9**　ある国の国民の限界貯蓄性向が減少した。限界消費性向はどのように変化

するか。

問題10 政府部門を無視してよいある国の国民の基礎消費が100兆円、限界貯蓄性向が0.2であるとき、貯蓄が存在するためには、国民所得がいくらより大きくなければならないか。

2.4 財・サービスの総供給 Y_s と総需要 Y_d

ここでは議論を簡単にするために、海外部門と政府部門はないものとし、投資 I は一定とする。すると二面等価により、財・サービスの総供給 Y_s と国民所得 Y の間で、等式

$$Y_s = Y$$

が成り立つ。また、財・サービスの総需要は

$$Y_d = (cY + C_0) + I$$

で与えられるので、三面等価の原則

$$Y_s = Y = Y_d$$

が成り立つものとすると、等式

$$Y = (cY + C_0) + I$$

が得られる（図2.3参照）。

国民経済計算における三面等価の原則は<u>事後的</u>に成り立つ概念であった。ここでは、三面等価の原則が<u>事前的</u>に成り立つような国民所得というものを考える。そのような国民所得のもとで実際に取引をすると、事後的な調整なしに財・サービスの総供給と総需要は等しくなるはずである。そのような国民所得 Y のことを**均衡国民所得**といい、記号 Y^* で表す。マクロ経済学では、国民所得が、財・サービスの総需要と総供給の一致する水準に決まる、つまり均衡国民所得に等しくなると考える。

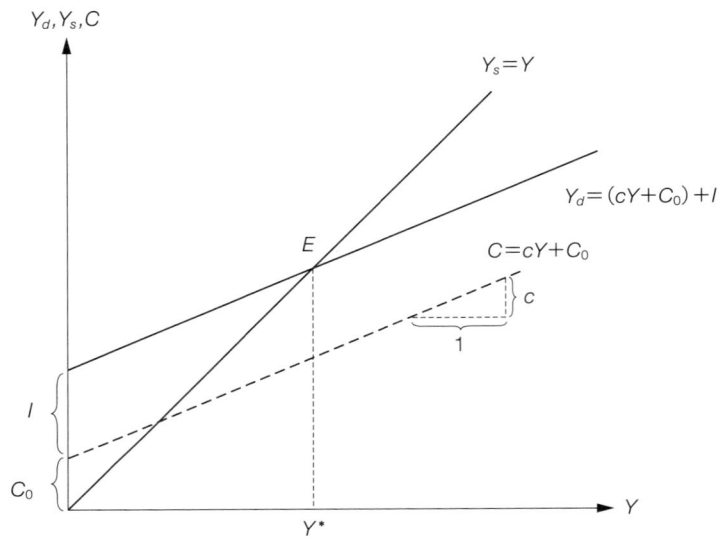

図2.3 $G=T=0$, $I=$ 一定の場合の均衡国民所得

問題11 ある国の国民の基礎消費を100兆円、限界消費性向を0.2、そして、この国の投資を80兆円とすると、GDP はいくらになるか。ただし政府部門はないものとして考えよ。

2.5 IS バランス

引き続き海外部門と政府部門はないものとし、投資 I は一定とする。三面等価の原則から得られた等式 $Y=(cY+C_0)+I$ を変形すると

$$\begin{aligned} I &= Y-(cY+C_0) \\ &= (1-c)Y-C_0 \\ &= sY-C_0 \end{aligned}$$

が得られる。上の式の右辺は貯蓄関数 $S(Y)$ に等しいので、三面等価が成り立つこと、すなわち、財・サービスの総需要および総供給が等しくなること（**財・サービス市場の均衡**）と、投資 I および貯蓄 $S(Y)$ が等しくなること

第 2 章 消費と貯蓄

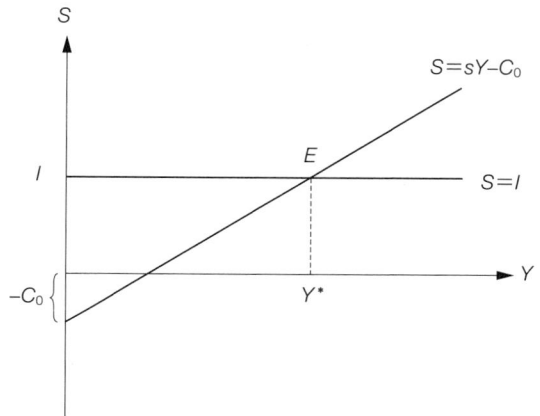

図2.4　$G = T = 0$, $I =$ 一定の場合の IS バランス

$$I = S(Y) \qquad (2.1)$$

は同じことであることが分かる。等式（2.1）のことを **IS バランス式**という（図2.4）。

2.6 貯蓄のパラドックス

いま、ある国で国民が突然倹約的になり、限界貯蓄性向 s が増加したとする。ただし、この国の投資水準 I は以前と変わらないものとする。さて、このとき、この国の総貯蓄 S は増加するだろうか。IS バランス式（2.1）によると $sY^* = I + C_0$ なので、総投資 I が一定ならば積 sY^* も一定となる。したがって、s が増加したとしても、sY^* を元の値に留めるように均衡国民所得 Y^* が下がるので、結果として総貯蓄 $S = sY^* - C_0$ は前と同水準になる。国民の貯蓄意欲が高まったにもかかわらず、国の総貯蓄が増えないというこの現象は**貯蓄のパラドックス**として知られる。

■練習問題

穴埋め問題

1. 可処分所得とは国民所得から（　　　）を控除したものである。
2. 可処分所得は消費されるか（　　　）されるかのいずれかである。
3. ケインズ型消費関数は（　　　）で与えられる。
4. ケインズ型貯蓄関数は（　　　）で与えられる。
5. 限界貯蓄性向が0.26ならば限界消費性向は（　　　）となる。
6. 消費関数と貯蓄関数はどちらも国民所得 Y の（　　　）関数である。
7. 財・サービスの総需要と総供給が等しくなるような国民所得のことを（　　　）という。
8. ISバランスが成り立つことと、（　　　）が均衡することは同じことである。
9. 国民の限界貯蓄性向が高まったにもかかわらず、国の総貯蓄が増えないという現象のことを（　　　）という。

計算問題

1. 政府部門が無視できるある国の国民は、GDPが100兆円のとき220兆円消費し、GDPが200兆円のとき240兆円消費する。この国の投資が200兆円のときのGDPを求めよ。また、投資が400兆円に増加するならば、GDPはいくらになるか。
2. 日本人の限界消費性向を0.2、基礎消費を80兆円とし、アメリカ人の限界消費性向を0.4、基礎消費を60兆円とするとき、日本の投資がアメリカの投資の何倍であれば両国のGDPは等しくなるか。ただし、両国の政府部門は無視して考えよ。

第3章 国民所得の決定と有効需要

3.1 政府部門を考慮する場合の財・サービスの総供給 Y_s と総需要 Y_d

ここでは政府部門を考慮する場合の国民所得を決定する。ただし海外部門は引き続きないものとし、また、投資 I は一定とする。

二面等価により、財・サービスの総供給 Y_s と国民所得 Y の間で、等式

$$Y_s = Y$$

が成り立つ。また、財・サービスの総需要は

$$Y_d = \{c(Y-T)+C_0\}+I+G$$

で与えられるので、三面等価の原則が事前的に成り立つものとすると、等式

$$Y_s = Y = Y_d$$

により

$$Y = \{c(Y-T)+C_0\}+I+G$$

が得られる。今後、国民所得 Y の関数である総供給 Y_s と総需要 Y_d のグラフを、それぞれ**総供給曲線**、**総需要曲線**と呼ぶことにする。

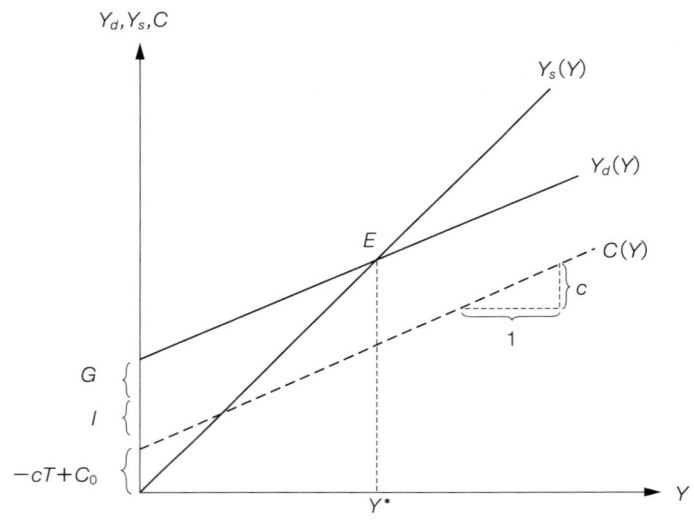

図3.1 $I=$一定の場合の均衡国民所得

3.2 政府部門を考慮する場合の均衡国民所得 Y^* と IS バランス

三面等価の原則により得られた等式を国民所得 Y について解くと、政府部門を考慮し、投資 I を一定とする場合の均衡国民所得 Y^* が求まる。

$$Y^* = \frac{-cT+C_0+I+G}{1-c}$$

Y^* は図3.1における総供給曲線と総需要曲線の交点 E の Y 座標にほかならない。

> **問題12** ある国の国民の基礎消費を100兆円、限界消費性向を0.2とし、この国の投資を80兆円、租税を50兆円、政府支出を70兆円とするとき、均衡国民所得を求めよ。

> **問題13** 総需要曲線の縦軸切片 $-cT+C_0+I+G$ に含まれる量のうち、政府が裁

量的に増減できるものはどれか。

政府部門を考慮する場合の三面等価の原則から得られた等式 $Y = \{c(Y-T)+C_0\}+I+G$ を、

$$\begin{aligned} I+G &= Y-\{c(Y-T)+C_0\} \\ &= (1-c)Y+cT-C_0 \\ &= (1-c)Y-T+cT-C_0+T \\ &= (1-c)Y-(1-c)T-C_0+T \\ &= s(Y-T)-C_0+T \end{aligned}$$

のように変形すると、右辺が貯蓄関数と租税の和 $S(Y)+T$ になっていることが分かる。このことから、三面等価が成り立つこと、すなわち財・サービス市場が均衡することと、投資と政府支出の和、および、貯蓄と租税の和が等しくなること、すなわち等式

$$I+G = S(Y)+T \tag{3.1}$$

が成り立つことは同じだということが分かる。等式 (3.1) を、政府部門を考慮する場合の **IS バランス式**という。

> **問題14** ある国の国民の基礎消費を100兆円、限界消費性向を0.2とし、この国の投資を80兆円、租税を50兆円、政府支出を70兆円とするとき、均衡国民所得において、IS バランス式が成り立っていることを確かめよ。

3.3 均衡国民所得の増加・減少要因

図3.1中に描かれた総需要曲線 $Y_d(Y)$ が、Y の1次関数のグラフであることから、均衡国民所得 Y^* の増加・減少要因を見出すことが出来る。C_0, I, G は総需要曲線 $Y_d(Y)$ の縦軸切片の中の正の量なので、それらの値の増加は総需要曲線を上方シフトさせ、結果として Y^* を増加させる。同様に、それらの値の減少は総需要曲線を下方シフトさせ、結果として Y^* を減少させる。一方、

$-cT$ は総需要曲線 $Y_d(Y)$ の縦軸切片の中の負の量なので、租税 T の増加は $-cT$ の値を減少させる、つまり総需要曲線 $Y_d(Y)$ の縦軸切片を小さくする。その結果、総需要曲線を下方シフトさせ、均衡国民所得 Y^* を減少させる。また、租税 T の減少（減税）は逆に総需要曲線を上方シフトさせるので、Y^* を増加させる。以上を表にまとめると次のようになる。

$$
\begin{array}{|ll|ll|}
\hline
G\,\text{増} & \Rightarrow \ Y^*\text{増} & G\,\text{減} & \Rightarrow \ Y^*\text{減} \\
T\,\text{増} & \Rightarrow \ Y^*\text{減} & T\,\text{減} & \Rightarrow \ Y^*\text{増} \\
C_0\,\text{増} & \Rightarrow \ Y^*\text{増} & C_0\,\text{減} & \Rightarrow \ Y^*\text{減} \\
I\,\text{増} & \Rightarrow \ Y^*\text{増} & I\,\text{減} & \Rightarrow \ Y^*\text{減} \\
\hline
\end{array}
\qquad (3.2)
$$

3.4 有効需要

ケインズは主著『雇用・利子および貨幣の一般理論』(1936) の第3章で、有効需要について述べている。その内容は、基本的に次のようなものである。それぞれの経済は、$c,\ T,\ C_0,\ I,\ G$ の値として固有のものを持つので、一つの経済が与えられると、その経済に固有な需要スケジュール

$$Y_d(Y) = \{c(Y-T)+C_0\}+I+G$$

が決まる。ただし、需要スケジュールとは、国民所得 Y と、それに対する総需要 Y_d の可能な組み合わせのことである。

企業はこの需要スケジュールを考慮しながら、利潤を最大化するように供給 Y_s を決定する。このとき企業は、作りすぎ $[Y_s > Y_d(Y)]$ ても、過少に生産 $[Y_s < Y_d(Y)]$ しても利潤最大化を達成できないので、結局 $Y_s = Y_d(Y)$ となるように総供給を決める。このときの総供給 Y_s は一定の所得分配を生み、その同じ所得分配が総需要 Y_d を生み出しているはずなので、GDP = GDI、つまり、$Y_s = Y$ が成り立つとするならば、企業は $Y_s = Y = Y_d(Y)$ が成り立つように総供給を決めているはずである。この式から明らかなように、そのような Y は均衡国民所得 Y^* に等しくなる。

このときの総供給 Y_s は $Y_d^e = Y_d(Y^*) = Y^*$ という総需要に等しくなる。こ

第3章　国民所得の決定と有効需要

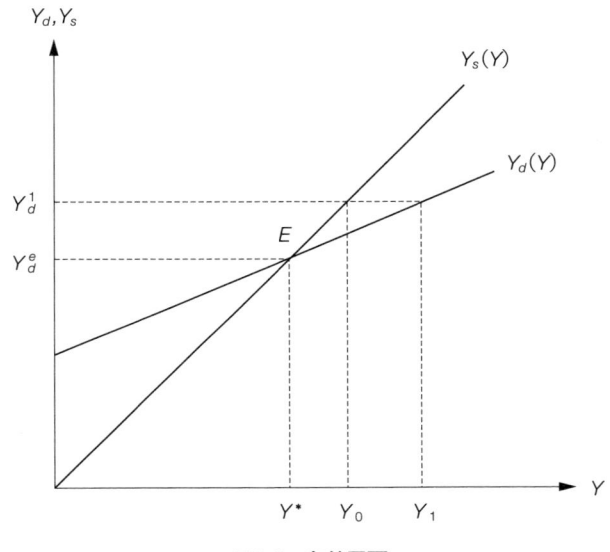

図3.2　有効需要

の総需要 Y_d^e のことを**有効需要**という。有効需要は大きさにおいて均衡国民所得に等しい。

$$Y_d^e = Y^*$$

古典派が「供給は自らの需要を作り出す」という**セイの法則**を主張したのに対して、ケインズは「需要された分だけ供給される」という**有効需要の原理**を主張した。

図3.2において、総需要曲線 Y_d と総供給曲線 Y_s が交わる点 E での総需要の値が有効需要 Y_d^e である。

有効需要についてもう少し詳しく調べてみる。図3.2中の Y_d^1 という総需要を考え、有効需要の場合と同様に、この経済の中で Y_d^1 分の財・サービスが供給されるかどうかを見てみよう。図3.2からまず、総需要が $Y_d = Y_d^1$ であるということは、分配された国民所得が $Y = Y_1$ であるということが分かる。そして国民所得が $Y = Y_1$ であるということは、生産が $Y_s = Y_1 > Y_d^1$ であったことを意味するので、いまの場合 Y_d^1 分の財・サービスが供給されたとはいえな

27

い。Y_d^e を下回る総需要についても同様の議論が可能である。今の議論から分かるように、有効需要とは有効需要の原理が成り立つような総需要のことだともいえる。

また、有効需要とは国民所得の裏付けのある総需要のことだともいえる。一般に、総需要 Y_d が生み出されるためには、それに見合った国民所得 Y が必要となる。有効需要に対する総供給は $Y_s = Y_d^e$ なので、総供給と国民所得の二面等価により、需要 $Y_d = Y_d^e$ を生み出すのに必要な国民所得 $Y = Y_d^e$ が分配されている。

ところが図3.2中の $Y_d = Y_d^1$ の場合、ケインズ派は古典派とは反対に、需要された分だけ供給されると考えるので、総生産から分配される国民所得は Y_0 となるが、$Y_0 < Y_1$ なので、総需要 $Y_d = Y_d^1$ を生み出すのに必要な国民所得 $Y = Y_1$ が得られていないことになる。つまり、総需要 $Y_d = Y_d^1$ などは国民所得の裏付けがないといえる。

問題15 ある国の国民の基礎消費を100兆円、限界消費性向を0.2とし、この国の投資を80兆円、租税を50兆円、政府支出を70兆円とするとき、有効需要はいくらになるか。また、政府支出を80兆円に増加させると、有効需要はいくらになるか。その後さらに、10兆円減税すると有効需要はいくらになるか。

以下の3式

$$\begin{cases} Y_s = Y \\ Y_d = \{c(Y-T)+C_0\}+I+G \\ Y_s = Y_d \end{cases}$$

から Y_s と Y を消去すると、有効需要の公式

$$Y_d^e = \frac{-cT+C_0+I+G}{1-c}$$

が得られる。有効需要は国民所得が均衡国民所得 Y^* に等しいときの総需要にほかならないので、その大きさは Y^* に等しくなる。また、このことから、均

衡国民所得 Y^* の増加・減少要因は、有効需要に対してまったく同じように作用することが分かる。

■練習問題

穴埋め問題

1. 均衡国民所得 Y^* は（　　）、（　　）、（　　）が増加した場合に増加し、（　　）が増加した場合に減少する。
2. 政府部門を考慮する場合の均衡国民所得は $Y^*=$（　　）で与えられる。
3. 政府部門を考慮する場合の IS バランス式の左辺は I と（　　）の和で、右辺は $S(Y)$ と（　　）の和だ。
4. 古典派の（　　）は供給した分だけ需要されると主張する。
5. 有効需要は（　　）と（　　）が交わる点での総需要に等しく、（　　）の裏付けのある総需要のことだともいえる。
6. 政府支出を（　　）させるか、減税を実施すると、有効需要は（　　）する。

計算問題

1. ある国の国民の基礎消費を100兆円、限界消費性向を0.2とし、この国の投資を80兆円、租税を50兆円とするとき、当初70兆円であった政府支出が80兆円へと増額されるならば、均衡国民所得はどのように変化するか。
2. 日本人の限界消費性向を0.6、基礎消費を80兆円とし、アメリカ人の限界消費性向を0.8、基礎消費を60兆円とするとき、有効需要を120兆円増加させるには、それぞれの国でいくら減税すればよいか。ただし、投資と政府支出は、どちらの国においても一定とする。

第4章 乗数分析

注意 これから先、混乱の恐れがない限り、均衡国民所得 Y^* を単に Y で表すことにする。

4.1 乗数理論

ケインズは『一般理論』の第10章で**乗数理論**について論じている。ある量 y が他の量 x に依存して変化するとき、y の変化 Δy と x の変化 Δx の比率 $\Delta y/\Delta x$ のことを**乗数**（multiplier）という。例えば、第3章での議論から明らかなように、均衡国民所得 Y の変化 ΔY と政府支出 G の変化 ΔG の比率 $\Delta Y/\Delta G$ は、限界消費性向を c とすると $\dfrac{1}{1-c}$ に等しいので、この場合、上の意味での乗数は $\dfrac{\Delta Y}{\Delta G} = \dfrac{1}{1-c}$ となる。

乗数 $\dfrac{\Delta y}{\Delta x}$ の定義から明らかなように、x が Δx 変化するとき、y は Δx の $\dfrac{\Delta y}{\Delta x}$ 倍、つまり**乗数倍**変化する。したがって、乗数が $\dfrac{\Delta Y}{\Delta G}$ であるときには、政府支出 G が ΔG 増加（または減少）するとき、均衡国民所得 Y は ΔG の**乗数倍**増加（または減少）するといえる。

ケインズ自身が述べているように、乗数の考え方を経済学に初めて導入したのはケインズではなく、カーン（R. F. Kahn）であった（1931年）。ただし、カーンの乗数は、初期の投資財生産に投入された雇用量（一次雇用、primary employment）の増分が、最終的にその何倍の全雇用の増分を生み出すかを表

す率としての乗数だったので、ケインズが考察したものとは若干異なっていた。カーンが投資財生産における一次雇用の増分と全雇用の増分の関係を調べたのに対して、ケインズは投資の規模の拡大 ΔI と均衡国民所得の増加 ΔY の間の関係を調べ、乗数 $\dfrac{\Delta Y}{\Delta I}$ を求めた。

　議論を簡単にするために、政府部門と海外部門はないものとすると、総需要は

$$\begin{aligned} Y_d &= C + I \\ &= (cY + C_0) + I \end{aligned}$$

となるので、均衡国民所得は

$$Y = \frac{C_0 + I}{1 - c} \tag{4.1}$$

となる。式（4.1）において、投資が I から $I + \Delta I$ へと変化するとき、均衡国民所得が Y から $Y + \Delta Y$ へと変化するものとすると、変化後の式は

$$Y + \Delta Y = \frac{C_0 + I + \Delta I}{1 - c} \tag{4.2}$$

となるので、式（4.2）から式（4.1）を辺々引き算すると

$$\Delta Y = \frac{1}{1 - c} \Delta I \tag{4.3}$$

が得られる。得られた乗数 $k = \dfrac{1}{1-c}$ は**投資乗数**と呼ばれ、式（4.3）は、均衡国民所得が投資の変化の投資乗数倍だけ変化するということを示している。

問題16　限界消費性向が0.2の国と0.8の国のそれぞれについて、投資乗数を計算せよ。

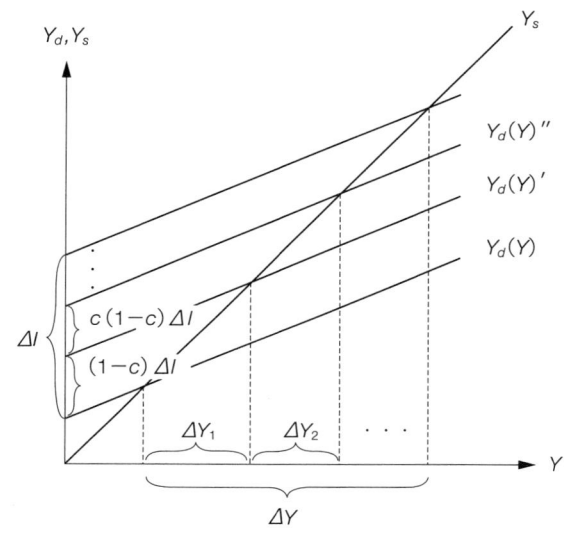

図4.1　乗数プロセス

4.2　乗数効果

　乗数理論は、ΔI のような、比較的小さな総需要の変化が、どのようにして均衡国民所得 Y の大きな変化を生み出すかを説明する理論である。このいわば「テコの働き」は**乗数効果**と呼ばれる。ケインズは『一般理論』の中で、乗数効果が生まれるメカニズムを次のように説明した。

1．総投資 I が ΔI だけ拡大したとする。新規に ΔI の投資財が需要されるようになったので、新たに投入された一次雇用によって投資財が ΔI だけまず生産される。その後、同額 ΔI が国民所得として分配されるので、均衡国民所得は $\Delta Y_1 = \Delta I$ だけ増加する。その結果、この時点での均衡国民所得は $Y + \Delta Y_1$ となる。均衡国民所得が $Y + \Delta Y_1$ となるには、総需要曲線 Y_d が $(1-c)\Delta Y_1$ だけ上方シフトしていなければならない。さて、増加した ΔY_1 のうち、$c\Delta Y_1$ は消費財の新規需要増となるが、投資財産業での雇用拡大に関する情報は社会全体に少しずつしか伝わらないので、この時点では需要増 $c\Delta Y_1$ に応じるための追

加的な消費財の生産は行われず、在庫取り崩しにより投資増は $I = \Delta I - c\Delta Y_1 = (1-c)\Delta I$ となる。

2．前期の需要増 $c\Delta Y_1$ に応じるための追加的な消費財の生産は今期になって実現し、二面等価により新たな国民所得増 $\Delta Y_2 = c\Delta Y_1$ が分配される。この時点での均衡国民所得は $Y + \Delta Y_1 + \Delta Y_2$ となるので、総需要曲線 Y_d は前期よりもさらに $(1-c)\Delta Y_2$ だけ上方シフトしていなければならない。ΔY_2 のうち、$c\Delta Y_2$ は消費財の新規需要増となるが、前と同じ理由で、今期は需要増 $c\Delta Y_2$ に応じるための追加的な消費財の生産は行われない。

3．以後、同様のプロセスを繰り返す。

総需要曲線 Y_d は毎期少しずつ上方シフトしていき、最終的に合計

$$\begin{aligned}(1-c)\Delta Y_1 + (1-c)\Delta Y_2 + (1-c)\Delta Y_3 + \cdots &= (1-c)\{\Delta I + c\Delta I + c^2\Delta I + \cdots\} \\ &= (1-c)\{1 + c + c^2 + \cdots\}\Delta I \\ &= \Delta I\end{aligned}$$

だけ上方シフトする。また均衡国民所得増の合計は

$$\begin{aligned}\Delta Y &= \Delta Y_1 + \Delta Y_2 + \Delta Y_3 + \cdots \\ &= \{1 + c + c^2 + \cdots\}\Delta I \\ &= \frac{1}{1-c}\Delta I\end{aligned}$$

となり、前に求めた式（4.3）でのものと一致する。

以上のことをまとめると次のようになる。新規需要に対応する生産が遅れるので、投資財産業で起こった需要拡大 ΔI は、瞬時に総需要の増加として実現されるのではなく、段階的に実現される。投資財産業に投入された労働者らが、自分たちに分配された国民所得の一部を消費に充てようとするとき新たな消費財需要が作り出されるが、そのための生産はすぐには行われず、二期目に一期遅れて行われる。二期目で消費財生産に投入された労働者の消費財需要と、それ以後の各期で消費財生産に投入された労働者の消費財需要に対しても同様のプロセスが繰り返されるため、乗数効果が発生する。

問題17 ある国で100兆円分の投資が追加された。この国の限界消費性向を0.8として、1期目、2期目、3期目の均衡国民所得増を求め、さらに、均衡国民所得増の合計も求めよ。

4.3　政府支出乗数

政府支出 G が $\varDelta G$ 変化するとき、均衡国民所得 Y がその何倍変化するかを表す乗数 $\varDelta Y/\varDelta G$ のことを**政府支出乗数**という。投資乗数を求めたときと同じ要領で政府支出乗数を求めることができる。政府部門を考慮する場合の均衡国民所得は

$$Y = \frac{-cT + C_0 + I + G}{1 - c} \tag{4.4}$$

なので、式 (4.4) において、政府支出が G から $G+\varDelta G$ へと変化するとき、所得が Y から $Y+\varDelta Y$ へと変化するものとすると、変化後の式は

$$Y + \varDelta Y = \frac{-cT + C_0 + I + G + \varDelta G}{1 - c} \tag{4.5}$$

となる。そして、式 (4.5) から式 (4.4) を辺々引き算すると

$$\varDelta Y = \frac{1}{1-c} \varDelta G$$

が得られる。したがって、政府支出乗数は $\frac{1}{1-c}$ に等しくなる。

4.4　租税乗数

租税 T が $\varDelta T$ 変化するとき、均衡国民所得 Y がその何倍変化するかを表す乗数 $\varDelta Y/\varDelta T$ のことを**租税乗数**という。政府部門を考慮する場合の均衡国民所得の式 (4.4) において、租税が T から $T+\varDelta T$ へと変化するとき、所得が Y

から $Y+\varDelta Y$ へと変化するものとすると、変化後の式は

$$Y+\varDelta Y = \frac{-c(T+\varDelta T)+C_0+I+G}{1-c} \tag{4.6}$$

となるので、式（4.6）から式（4.4）を辺々引き算すると

$$\varDelta Y = \frac{-c}{1-c}\varDelta T$$

が得られる。したがって、租税乗数は $\frac{-c}{1-c}$ に等しくなる。

> **問題18** 限界消費性向が0.2の国における政府支出乗数と租税乗数を求めよ。この国の限界消費性向が0.6に上昇した場合、それらの値はどう変わるか。
>
> **問題19** 限界消費性向が0.6の国で、完全雇用実現のためにGDPを450兆円増加させたい。その場合、政府支出をいくら増加させればよいか。また減税によって同じ目的を達成する場合には、いくら減税すればよいか。

4.5 均衡予算乗数

政府が経済政策の一環として政府支出 G を $\varDelta G$ 増加させるとき、それと同額の増税 $\varDelta T = \varDelta G$ を実施すべきだという考えのことを**均衡予算主義**という。均衡予算主義のもとで政府支出を G から $G+\varDelta G$ へと変化させるとき、均衡国民所得が Y から $Y+\varDelta Y$ へと変化するものとすると、変化後の均衡国民所得の式は

$$Y+\varDelta Y = \frac{-c(T+\varDelta G)+C_0+I+G+\varDelta G}{1-c} \tag{4.7}$$

となるので、式（4.7）から式（4.4）を辺々引き算すると

$$\Delta Y = \Delta G$$

が得られる。均衡予算主義のもとでの政府支出乗数のことを**均衡予算乗数**という。最後の式から、

均衡予算乗数は 1 に等しい

ことが分かる。

■練習問題

穴埋め問題

1. 政府部門と海外部門を無視した場合の投資乗数は（　　　）となる。
2. 投資の比較的小さな増加が、均衡国民所得の大きな増加を生み出すことを、投資の（　　　）という。
3. 政府支出乗数は（　　　）に等しい。
4. 租税乗数は（　　　）に等しい。
5. 政府が、経済政策の一環として政府支出 G を ΔG 増加させるとき、それと同額の増税 $\Delta T = \Delta G$ を実施すべきだという考えのことを（　　　）という。
6. 均衡予算乗数は（　　　）に等しい。

計算問題

1. 政府支出を増加させる場合、均衡国民所得の増分 ΔY が政府支出の増分 ΔG の乗数倍になるということを、乗数プロセスの考えに従って説明せよ。
2. 政府支出を増加させる代わりに同額の減税を実施する場合、均衡国民所得は政府支出を増加させる場合ほど増加しない。このことを乗数プロセスの考えに従って説明せよ。

第5章 投資の限界効率と利子率

5.1 割引現在価値

単位期間の利子率を r とし、元金を V_0 とすると、n 期間後の元利合計は

$$V = V_0(1+r)^n$$

となる。

> **問題20** 100万円を年利25％で2年間運用したときの元利合計を求めよ。

> **問題21** 元金10万円に対し、年利20％で半年ごとに複利で利息が加算されるとき、2年後の元利合計を求めよ。

現時点での60万円と1年後の60万円の交換は、金額が同じなのだから等価交換だというのは正しいだろうか。市場金利が仮に年20％だとすると、現時点での50万円は、1年間使うのを諦めて預金すると1年後に50(1+0.2)＝60万円になる。したがって、普通ならば、現時点の金額で1年後の60万円と等価なのは60万円ではなく、50万円だと感じるはずである。その理由は、もし1年後の60万円の現時点での価値が45万円だとすると、1年後の60万円を売る方は銀行から年利20％で50万円借りた方が有利だと感じるし、もし1年後の60万円の現時点での価値が55万円だとすると、1年後の60万円を買う方は銀行に年利20％で50万円預金した方が有利だと感じるからである。

年利20%のもとで、1年後の60万円の現時点での価値が50万円だということを、1年後の60万円の年利20%のもとでの**割引現在価値**（discounted present value）が50万円だという。

現時点でのお金と、将来時点でのお金の交換は、お金の貸借に他ならない。上の例で現時点の50万円の出し手は貸し手で、50万円使うことを1年間留保する。このとき貸し手が借り手から受け取る利息は60−50＝10万円である。この10万円のことを、50万円の処分権を1年間留保することの代価の市場評価と考えることができる。

問題22 年利20%のとき、1年後の72万円の割引現在価値と、2年後の72万円の割引現在価値を求めよ。

問題23 5年満期で、額面100万円の社債の表面利率が年20%だとする。市場金利が年10%だとすると、この社債の現在価値はいくらになるか。ただし、社債の利息は毎年末に支払われるものとする。

5.2　投資の供給価格と需要価格

ある資本設備（機械、工場など）が、すでに一定量、市場に供給されているものとする。そして、同じ資本設備が新たにもう1単位供給されるためには、最低でも価格が C 円でなければならなかったとする。このとき、**投資の供給価格**（supply price of the investment）が C 円であるという。例えば、自動車メーカーが新車を製造販売する投資プロジェクトを実施しようとする場合、資本設備として工場が必要になる。仮に、同種の工場がすでにいくつか市場に供給されており、新たに一つ工場を設けたいという新規需要に対して、工場建設を引き受けてもよいという建設会社が、価格20億円でも21億円でも出現しなかったが、22億円のときようやく出現したとする。この場合、$C = 22$ 億円が投資の供給価格になる。このように、資本設備の供給価格は最低入札価格のようなものであり、新たに資本設備を購入しようと思う企業にとっての取得コストでもある。

ある資本設備の稼動から、毎期ある額の収益が見込まれるとしよう。追加的な1単位の投資に対して、1期目期末に見込まれる収益を Q_1、2期目期末に見込まれる収益を Q_2 などとする。将来の各期末に見込まれるこのような収益のことを**投資の見込み収益**（prospective yield of the investment）という。

いま、ある投資プロジェクトの見込み収益 Q_1、Q_2、……が定まったとする。このとき企業は、必要な資本設備1単位の購入のために、現時点でいくらまでなら負担してもよいと感じるだろうか。その金額は**投資の需要価格**（demand price of the investment）と呼ばれ、追加的な1単位の投資から生まれる一連の見込み収益の割引現在価値に等しい。現行の利子率を r とすると、投資の需要価格は

$$\frac{Q_1}{(1+r)} + \frac{Q_2}{(1+r)^2} + \frac{Q_3}{(1+r)^3} + \cdots$$

で与えられる。

> **問題24** 見込み収益が毎期100万円である投資プロジェクトがある。現行の利子率が $r = 0.05$ だとすると、投資の需要価格はいくらになるか。また、投資の供給価格が1,900万円だとすると、この投資プロジェクトは実施されるか。

5.3 投資の限界効率

投資の供給価格が C であるとき、次の式

$$C = \frac{Q_1}{(1+\rho)} + \frac{Q_2}{(1+\rho)^2} + \frac{Q_3}{(1+\rho)^3} + \cdots$$

を満たすような率 ρ（ロー）のことを、ケインズは**投資の限界効率**（marginal efficiency of capital）と呼んだ。投資の限界効率 ρ は、投資の生み出す将来収益 Q_1, Q_2, Q_3, …… の現在価値の合計が、ちょうど投資の供給価格 C と等しくなるような利子率のことだともいえる。

問題25　1年目に100万円、2年目に500万円の収益が見込まれる投資プロジェクトがある。この投資の供給価格が400万円であるとき、投資の限界効率を求めよ。

　投資の見込み収益は実現が保障されたものではなく、企業家が将来にまつわる様々な不確実性を勘案して形成した、一種の「期待」に過ぎない。したがって、ケインズが強調するように、ρは、将来についての不確実性に対して形成された「期待」と、現時点での供給価格によって決まる率である。

　また、ケインズが述べるように、ρはさまざまな要因によって変動する。例えば、同種の投資が増加すると、競争のために見込み収益が低下するのでρは減少する。また、賃金高騰などのために供給価格が上昇すると、ρはやはり減少する。さらに、同じ製品をより安価に生産できる新技術が出現すると、見込み収益が低下するので、やはりρは減少する。

　投資の需要価格と供給価格の定義から分かるように、新たな投資が実施されるかどうかは、不等式

$$\frac{Q_1}{(1+r)} + \frac{Q_2}{(1+r)^2} + \frac{Q_3}{(1+r)^3} + \cdots \geq C = \frac{Q_1}{(1+\rho)} + \frac{Q_2}{(1+\rho)^2} + \frac{Q_3}{(1+\rho)^3} + \cdots$$

が成り立つかどうかによって決まる。この不等式は需要価格が供給価格以上であることを示している。不等式の右辺と左辺の違いは、分母にrが含まれているかρが含まれているかだけなので、この不等式と、不等式

$$\rho \geq r$$

は、一方が成り立てば他方も成り立つという関係にある。

5.4　総投資の限界効率表

　前に述べたように、一定期間内に一つの資本資産への投資量が増加すると、その投資の見込み収益が低下するので限界効率ρが下がる。
　一つの資本資産について、限界効率ρと投資量iの関係を表にしたもののことを投資の限界効率表（schedule of the marginal efficiency of capital）という。

第 5 章　投資の限界効率と利子率

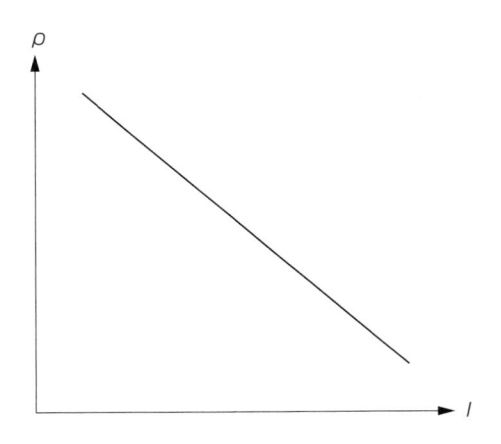

図5.1　総投資の限界効率

ある資本資産 A への投資の限界効率表を

i_A	1	5	12	20	30
ρ	0.5	0.4	0.3	0.2	0.1

とし、別の資本資産 B への投資の限界効率表を

i_B	2	8	15	25	40
ρ	0.5	0.4	0.3	0.2	0.1

とすると、二つの投資量を限界効率ごとに足し合わせることにより、二つの投資の総投資の限界効率表

$I=i_A+i_B$	3	13	27	45	70
ρ	0.5	0.4	0.3	0.2	0.1

が得られる。この方法にならって、すべての種類の資本資産について同様の集計をすると、**総投資の限界効率表**（schedule of the marginal efficiency of capital in general）が得られる。

　ρ が連続量と見なされるとき、総投資と限界効率の関係をグラフ化したもののことを**投資の限界効率曲線**と呼ぶ。図5.1に示されているように、投資の限

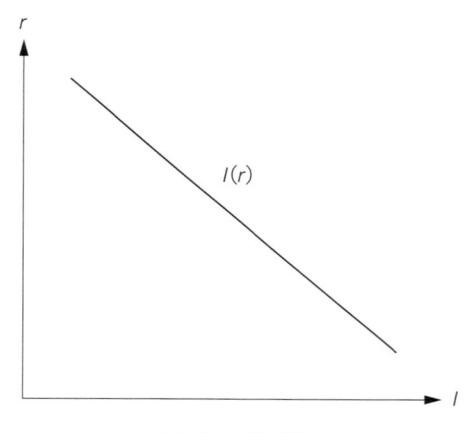

図5.2　投資関数

界効率曲線は通常右下がりとなる。

5.5　投資関数

前に述べたように、企業は投資の需要価格が投資の供給価格を上回るときに投資プロジェクトを実施する。そして、この、プロジェクト実施の条件は、限界効率 ρ が利子率 r を上回るということと同じなので、利子率 r が下がるとより多くの投資がこの条件を満たすようになる。したがって、r が下落すると総投資 I は増加する。つまり、

> 投資関数 $I(r)$ は利子率 r の減少関数である。

問題26　総投資の限界効率表が次のようであるとき、

I	3	13	27	45	70
ρ	0.5	0.4	0.3	0.2	0.1

利子率が $r = 0.4$ から $r = 0.1$ へと下落したとすると、総投資 I はどのように変化

するか。

5.6　インフレ期待とリスクプレミアムの投資への影響

　人々の物価上昇期待（貨幣価値の下落）は投資プロジェクトの見込み収益を増加させるので、総投資の限界効率曲線を右にシフトさせる。このことからケインズは、利子率が相対的にあまり上昇しないならば、人々の物価上昇期待は投資を刺激すると考えた。ここで分かるようにケインズは、人々の物価上昇期待が直接影響を及ぼすのは金利ではなく、投資の限界効率だと考えた。「名目利子率から物価上昇率を差し引いたものは実質利子率に等しい」という、いわゆるフィッシャー方程式で有名なアーヴィング・フィッシャー（Irving Fisher）は、ケインズとは対照的に、人々の物価上昇期待が直接影響を及ぼすのは投資の限界効率ではなく、むしろ金利だと考えた。

　上記の考えに立って、ケインズは、投資の限界効率が人々の「期待」に依存して不安定に上下するということから景気変動の存在を説明しようとした。

　さて、ケインズは、投資に影響を及ぼすリスクには2種類あると考えた。一つは、実際の投資収益が、企業による当初の収益見通しを下回るかもしれないというリスクで、もう一つは金融システムが存在する場合に問題となる、いわゆる貸し倒れリスクである。前者のリスクに直面する企業は、投資の限界効率からこのリスクのプレミアム（金利等値）分を差し引いた結果が、まだ市場金利を上回っている場合にのみ投資プロジェクトを実施する。また、後者のリスクに直面する資金の貸し手は、このリスクプレミアム分を通常の貸し出し金利に上乗せしようとするので、市場金利は一般に、貸し倒れリスクがない場合よりも高めになる。好況時には、これらのリスクプレミアムはともに平均的な水準以下になる。その結果、前者のリスクに直面する企業は、以前と同じ利子率の水準で、より低い限界効率の投資まで実施しようとするので、投資の限界効率曲線は右シフトする。また、資金の貸し手は以前より低い金利で貸し出ししようとする。したがって、好況時におけるこれら2種類のリスクプレミアムの減少は、どちらも投資を増加させる要因となるのである。

　ケインズは、現時点の経済状態を分析するに際して、「将来」の影響を考慮

することの重要性を強調した。
1．経済の現状分析は、現時点での経済状態に対する「将来」の影響を考慮したものでなければならない。
2．「将来」は、金利を通してではなく、投資の限界効率を通して現時点での経済状態に影響を及ぼす。

■練習問題

穴埋め問題
1．資本資産が新たに1単位供給されるために求められる価格のことで、企業にとっての取得コストとなるのは投資の（　　　）である。
2．投資プロジェクトに対する追加的な1単位の投資から将来の各期末に見込まれる収益のことを（　　　）という。
3．投資の需要価格は、追加的な1単位の投資から生じる、投資の見込み収益の（　　　）に等しい。
4．投資の供給価格がCであるとき、等式（　　　）を満たすような率ρのことを、ケインズは投資の限界効率と呼んだ。
5．投資関数$I(r)$のグラフは一般に（　　　）下がりである。
6．フィッシャー（Irving Fisher）は、人々の物価上昇期待が直接影響を及ぼすのは利子率だと考えた。しかし、ケインズはそれが直接影響を及ぼすのは（　　　）だと考えた。
7．ケインズは、「将来」が、現時点での経済状態に対して、（　　　）を通してではなく、（　　　）を通して影響を及ぼすと考えた。

計算問題
1．見込み収益が毎期Q円で供給価格がC円である投資プロジェクトの投資の限界効率を求めよ。
2．見込み収益が毎期Q円の投資プロジェクトの、利子率がrである場合の需要価格を求めよ。さらに、需要価格が供給価格以上であることと、投資の限界効率が利子率以上であることが同じになっていることを確認せよ。

第6章 貨幣、債券、利子率と流動性選好

6.1 貨幣

　貨幣には**現金通貨**と**預金通貨**がある。このうち現金通貨には、日本銀行の発行するお札（日本銀行券）と国（財務省）が製造して日銀に交付する硬貨（狭義の「貨幣」）があり、預金通貨には、個人や企業が金融機関に保有している**要求払い預金**（当座預金や普通預金など、預金者がいつでも払い戻しを要求できる預金）と、金融機関が日銀に保有している当座預金（**日銀当預**）がある。民間の金融機関は、集めた預金のうちの一定割合を**法定準備**として日銀当預に預託しておくことが**準備預金制度**により義務づけられている。

　「日本銀行が供給する通貨」のことを**ハイパワードマネー** H という（マネタリーベースという場合もある）。具体的には、市中に出回っている流通現金 C を含む（日本銀行券発行残高＋狭義の「貨幣」流通量）、および、日銀当座預金の合計のことである。

　民間金融機関の日銀預け金のうち、法定準備を超えた部分のことを**超過準備**という。以下では、法定準備、超過準備および金融機関保有現金を総称して単に**準備** R ということにする。

$$\text{日銀当座預金（法定準備＋超過準備）＋金融機関保有現金} = \text{準備} R$$

ハイパワードマネーH＝日本銀行券発行残高＋狭義の「貨幣」流通量＋日銀当座預金
　　　　　　　　＝流通現金C＋準備R

　マネーサプライMとは決済手段としての「お金」の残高のことで、それは、家計、企業、地方公共団体といった通貨保有主体が保有する現金通貨と預金通貨、および、現金通貨と預金通貨に比較的容易に変えることができる金融資産からなる。ただし、金融機関や国が保有する現金通貨と預金通貨はマネーサプライから除外される。したがって、マネーサプライMとは民間非金融部門の保有する現金Cと預金Dの総和のことだといえる。

　マネーサプライは流動性の大小によって次のように分類される。

1．M_1＝現金通貨＋預金通貨
2．M_2＝M_1＋定期性預金（準通貨、解約すれば決済に使える）
3．M_2+CD＝M_2＋譲渡性預金
4．**広義流動性**＝M_2+CD＋郵便貯金、金銭信託、投資信託、国債、金融債、CPなど

　日本では、M_2+CDと広義流動性がマネーサプライの代表的な指標として用いられており、日銀がそれらの残高や伸び率を定期的に公表している。

　次に、ハイパワードマネーHとマネーサプライMの関係について調べてみる。現金をC、預金をD、準備をRとすると、$H=C+R$、$M=C+D$なので

$$M = \frac{C+D}{C+R}(C+R)$$
$$= \frac{\frac{C}{D}+1}{\frac{C}{D}+\frac{R}{D}} \times H \tag{6.1}$$

が成り立つ。$\alpha = \dfrac{C}{D}$は**現金・預金比率**と呼ばれ、$\beta = \dfrac{R}{D}$は**準備・預金比率**と呼ばれる。準備・預金比率は超過準備が無視できるとき法定準備率に等しくなる。ここで$\mu = \dfrac{\alpha+1}{\alpha+\beta}$（$\mu$はミューと読む）と置くと式（6.1）は

第6章　貨幣、債券、利子率と流動性選好

(%)

預金（a）についての準備率 Reserve Ratios on Deposits									農林中央金庫 Norinchukin Bank	
銀行・長期信用銀行・外国為替銀行（b）・相互銀行（c）・信用金庫（相互銀行（c）・信用金庫の適用先：年度末残高1,600億円超） Banks, Long-term Credit Banks, Foreign Exchange Banks (b), Sogo Banks (c), Shinkin Banks (Applicable to Sogo Banks (c) and Shinkin Banks, with outstanding of more than 160 billion yen at the fiscal year end)										
指定勘定区分額（b）Classification by Amount of Designated Accounts									残高 Outstanding	
定期性預金（譲渡性預金を含む） Time Deposits (Including Certificates of Deposit)				その他の預金 Other Deposits				定期性預金（譲渡性預金を含む） Time Deposits (Including Certificates of Deposit)	その他の預金 Other Deposits
2兆5,000億円超 More than 2.5 Trillion Yen	1兆2,000億円超 2兆5,000億円以下 1.2-2.5 Trillion Yen	5,000億円超 1兆2,000億円以下 500Billion-1.2Trillion Yen	500億円超 5,000億円以下 50-500 Billion Yen	2兆5,000億円超 More than 2.5 Trillion Yen	1兆2,000億円超 2兆5,000億円以下 1.2-2.5 Trillion Yen	5000億円超 1兆2,000億円以下 500 Billion-1.2 Trillion Yen	500億円超 5,000億円以下 50-500 Billion Yen		
1.75 (1986.7.1)	1.375 (1986.7.1)	0.125 (1986.7.1)	0.125 (1986.7.1)	2.5 (1986.7.1)	2.5 (1986.7.1)	1.875 (1986.7.1)	0.25 (1986.7.1)	0.125 (1986.7.1)	0.25 (1986.7.1)
1.2 (1991.10.16)	0.9 (1991.10.16)	0.05 (1991.10.16)	0.05 (1991.10.16)	1.3 (1991.10.16)	1.3 (1991.10.16)	0.8 (1991.10.16)	0.1 (1991.10.16)	0.05 (1991.10.16)	0.1 (1991.10.16)

債権の残高についての準備率(e) Reserve Ratio on Debentures Outstanding	金銭信託（貸付信託を含む）元本の残高についての準備率 Reserve Ratio on Principal of Money in Trust Outstanding (Including Loan Trusts)	外国為替公認銀行（g）Authorized Foreign Exchange Banks				
		非居住者外貨債務の残高についての準備率（特別国際金融取引勘定にかかるものを除く） Reserve Ratio on Foreign Currency Liabilities against Non-residents (Special International Transaction Account are Excluded)	居住者外貨預金の残高についての準備率（特別国際金融取引勘定にかかるものを除く） Reserve Ratios on Foreign Currency Deposits of Residents (Special International Transaction Account are Excluded)		非居住者円勘定にかかる債務の残高についての準備率（特別国際金融取引勘定にかかるものを除く） Reserve Ratio on Liabilities in Non-resident Yen Accounts (Special International Transaction Account are Excluded)	特別国際金融取引勘定からその他の勘定への資金の振替にかかる金額の残高についての準備率 Reserve Ratio on Balances Transferred from Special International Transaction Account to Other Accounts
銀行・長期信用銀行・外国為替銀行（f） Banks, Long-term Credit Banks and Foreign Exchange Banks			定期性預金 Time Deposits	その他の預金 Other Deposits		
0.125 (1981.4.1)	0.125 (1981.4.1)	0.25 (1986.12.1)	0.375 (1986.12.1)	0.5 (1986.12.1)	0.25 (1986.12.1)	0.25 (1986.12.1)
0.1 (1991.10.16)	0.1 (1991.10.16)	0.15 (1991.10.16)	0.2 (1991.10.16)	0.25 (1991.10.16)	0.15 (1991.10.16)	0.15 (1991.10.16)

出所：日本銀行『金融経済統計月報（2009年11月12日付）』より作成

$$M = \mu H$$

となり、ハイパーワードマネー増加の乗数倍だけマネーサプライが増加することを示している。乗数 μ は**貨幣乗数**と呼ばれる。

> **問題27** 日銀がハイパワードマネーを10兆円増加させた。現金・預金比率を0.1、準備・預金比率を0.01とすると、マネーサプライはいくら増加するか。

6.2 資料 準備預金制度における準備率 Reserve Requirement Ratios

準備預金制度の対象となる金融機関は、都市銀行、地方銀行協会加盟行、第二地方銀行協会加盟行、信託銀行、外国銀行支店、長期信用銀行、信用金庫（預金残高1600億円超の信用金庫のみ）、農林中央金庫などである。また、準備率が最後に変更されたのは1991年10月である。（49ページの表参照）

6.3 資料 日本銀行勘定 Bank of Japan Accounts：**負債および純資産**(億円)

51ページの表を参照。

6.4 中央銀行負債としての貨幣

ある期間で測られる量を**フロー**といい、ある時点で測られる量を**ストック**という。例えば、自分が1ヶ月間に飲む牛乳の量はフローで、冷蔵庫の中に残っている牛乳の量はストックである。また、企業が倉庫に保管している製品の数量はストックで、1日に売れる数量はフローである。この分け方によると、所得、投資、貯蓄はフローとなり、貨幣はストックとなる。また、個人や企業のバランスシート上の項目は、すべてある時点での財務状況を示す量なのでストックであり、フローではない。

ある市中銀行が10％の法定準備率のもとで500の預金を集め、超過準備を20保有するものとすると、そのバランスシート上の増減は次のようになる。

第6章　貨幣、債券、利子率と流動性選好

(億円)

年・月末 End of Period	発行銀行券 Banknotes	当座預金 (a) Current Deposits	その他預金 (b) Other Deposits	政府預金 Deposits of the Government	売現先勘定 (c) Payables under Repurchase Agreements	売出手形 Bills Sold	雑勘定 (d) Others	引当金勘定 (e) Provisions	資本金 Capital	準備金 Legal and Special Reserves
2004	779,564	331,784	5,727	45,462	221,565	0	8,491	27,848	1	25,022
2005	792,705	328,677	6,316	45,754	283,710	38,024	6,443	29,165	1	25,272
2006	798,367	104,125	227	41,390	150,498	0	4,180	31,208	1	25,438
2007	812,777	101,233	267	28,728	104,754	0	7,007	32,243	1	25,829
2008	814,783	151,923	118,224	35,093	40,542	0	8,724	32,265	1	26,149
2008.09	754,929	132,532	31,503	25,914	114,191	1,350	5,936	32,779	1	26,149
2008.10	766,116	97,151	71,693	25,222	129,274	12,082	8,071	32,265	1	26,149
2008.11	765,945	98,317	96,058	18,894	162,126	7,900	7,603	32,265	1	26,149
2008.12	814,783	151,923	118,224	35,093	40,542	0	8,724	32,265	1	26,149
2009.01	768,494	112,996	77,092	26,564	142,822	0	8,749	32,265	1	26,149
2009.02	769,222	135,625	65,108	28,535	156,401	0	8,420	32,265	1	26,149
2009.03	768,977	221,489	57,739	23,745	103,713	0	4,782	32,287	1	26,149
2009.04	783,341	137,651	38,852	30,703	90,443	0	8,553	32,287	1	26,149
2009.05	764,061	133,906	24,650	31,354	171,566	0	3,475	32,287	1	26,600
2009.06	767,394	157,464	17,645	24,651	67,572	0	4,813	32,287	1	26,600
2009.07	763,910	122,652	8,049	26,852	162,095	0	4,900	32,287	1	26,600
2009.08	761,677	119,027	2,245	28,673	196,555	0	4,774	32,287	1	26,600
2009.09	759,173	175,530	1,630	21,141	146,522	0	6,406	32,287	1	26,600
2009.10	762,486	122,768	1,370	20,425	140,988	0	7,073	32,287	1	26,600

出所：日本銀行『金融経済統計月報（2009年11月12日付）』から作成

市中銀行のバランスシート

資産		負債および純資産	
現金預け金	70	500	預金
貸出金	430		

これらの現金と預け金は中央銀行のバランスシートの負債の部に計上される。

中央銀行のバランスシート

資産	負債および純資産	
	70	当座預金

ここで以下のことに注意する。

1．市中銀行は法定準備を除いたすべての資金を貸し出せる。
2．中央銀行はハイパワードマネーを自由に増減させることができる。例えば、市中銀行から債券を買い入れ（資産増加）、その銀行の日銀当預に代金を入金（負債増加）することにより、ハイパワードマネーを増加させること

ができる。
3．われわれの財布に入っている1万円札（流通現金）は日銀負債である。

　自分の財布に1万円札が1枚入っているということは、日銀に1万円貸していることを意味するのだが、利息は1円も受け取れない。それなのに、われわれはなぜ、貨幣を保有しようとするのだろうか。その理由の一つに、われわれが財を購入するとき支払い手段（決済手段）として貨幣を用いることができるということがある。このことも含めて、貨幣（お金）には、通常、次の三つの機能が備わっていると考えられている。

1．**交換の媒体**
2．**価値尺度**
3．**価値保蔵手段**

　さて、財の交換は物々交換によっても可能である。しかし物々交換は、いわゆる**二重の欲望の一致**がない限り成立しない。つまり、自分の持っているものと相手が持っているものが、ちょうど互いに欲しているものになっていない限り物々交換は成立しない。したがって、物々交換のもとで交換の起こる頻度はきわめて低くならざるを得ない。しかし、一たん貨幣が導入されると、二重の欲望の一致がない状況でも、貨幣との交換を介して広く自由に財を交換することができるようになる。これが交換の媒体としての貨幣の意義である。
　ある財が貨幣何枚と交換されるかによってその財の価値の大きさが決まる。貨幣はそれと等価交換される財の価値を測るので、価値尺度財とも呼ばれる。
　冷蔵庫のない未開社会において、今日釣った魚を一ヶ月後の米の購入に充てたいと思っても、新鮮な魚の価値を一ヵ月もの間保蔵することはできないので、それは不可能である。しかしいったん貨幣が導入されると、貨幣の形で価値を保蔵できるようになるので、上のようないわば、現在の消費と将来の消費を交換することも可能となる。これが価値保蔵手段としての貨幣の意義である。
　以下は、貨幣とは何かについてよく耳にする勘違いである。注意しよう。

第6章 貨幣、債券、利子率と流動性選好

貨幣＝所得？ 所得は、労働、資本提供、企業活動の対価として、ある期間において測られる量なのでフローである。したがって、ストックである貨幣とは同じになりえない。

貨幣＝貯蓄？ 人が持っているお金はその人の貯蓄だとよくいわれるが、貯蓄はその定義により、可処分所得のうち消費に費やされなかった部分のことなのでフローである。したがってストックである貨幣とは違うものである。

貨幣＝資産？ 貨幣＝資産でないことは、金持ちが現金を多く持っているとは限らないということからも明らかである。資産の保有は有価証券や不動産といった形態でも可能である。貨幣は確かに資産の枠に入るが、すべての資産が貨幣だというわけではない。実際、多くの資産は流動性が低く、交換の媒体とはならない。

6.5 中央銀行の金融政策と乗数効果

中央銀行がコントロールできるのは、現金・預金通貨全体のごく一部をなすハイパワードマネーだけである。ここではハイパワードマネーの供給が、どのようにして乗数倍のマネーサプライを生み出すのかを解明する。以下では議論をかんたんにするため、市中銀行は超過準備を保有せず、借り手は借入金を現金として引き出すことなしにすべて預金するものとする。

法定準備率 β が10％のときに、ある市中銀行が要求払い預金を500集めたとすると、中央銀行預け金は50となるので、残り450は貸し出される。このとき、この市中銀行のバランスシートは次のようになる。

市中銀行のバランスシート

資産		負債および純資産	
現金預け金	50	500	預金
貸出金	450		

次に中央銀行がマネーサプライを増加させる目的で、市中銀行から国債を価格100で買い入れ（買いオペレーション）、この銀行の当座預金に購入代金として100を入金した。このとき中央銀行のバランスシート上では、資産（国債）

が100増加し、同時に負債（当座預金）が100増加する。これはハイパワードマネーが100供給されたことを意味する。次に、市中銀行は超過準備100をすべて貸し出し、借り手はそれをすべて預金する。この段階でまず、100の預金が作り出される。そして市中銀行は法定準備10だけを残し、残り90を新規に貸し出す。市中銀行のバランスシートはこの段階で次のようになる。

市中銀行のバランスシート

資産		負債および純資産	
現金預け金	60	600	預金
貸出金	540		

90の融資を受けた借り手は仮定により全額市中銀行に預金する。市中銀行は法定準備9だけを残し、残り81を新規に貸し出す。すると、市中銀行のバランスシートは次のように変わる。

市中銀行のバランスシート

資産		負債および純資産	
現金預け金	69	690	預金
貸出金	621		

以後、今までのプロセスが無限に繰り返される。

これまでの議論を要約すると、次のようになる。

1．中央銀行による市中銀行からの債券の買い入れ（買いオペ）が、まず100の預金を生み出した。
2．100の預金を受け取った市中銀行は、その10％の10を法定準備として残し、残り90を新規に貸し出した。
3．90の借り手は市中銀行に全額預金した。
4．90の預金を受け取った市中銀行は、その10％の9を法定準備として残し、残り81を新規に貸し出した。
5．以上のプロセスを繰り返す。

問題28 上で、債券買い入れによって最初に供給された100のハイパワードマネーは、最終的に合計でいくらのマネーサプライを生み出すか。また、この場合の貨幣乗数はいくらか。

中央銀行による金融市場調節の目的は、マネーサプライの増減を通じて金融市場の安定を確保することである。2005年5月20日の段階までは日本銀行当座預金残高を一定額（2005年5月20日の段階では30〜35兆円程度）に維持することを調節目標としていたが、それ以後は無担保コールレート（オーバーナイト物）がほぼゼロ％で推移（2008年12月19日には0.1％前後）するように促すことを調節目標としている。中央銀行がマネーサプライを増減させる方法としては、上の例に出てきた債券売買などによる**公開市場操作**（Open Market Operations）のほかに、法定準備率を上下させる**法定準備率操作**（Changes in Reserve Requirements）、中央銀行の対市中銀行貸出金利を上下させる**公定歩合操作**（the discount rate）などがある。これらのうち、公定歩合操作は、市場影響力が強すぎるという理由で近年は使われていない。金融調節の主要手段として現在用いられているのは、中央銀行が市場に直接介入することなしに、債券等の売買や貸し借りだけで目的が達成できる公開市場操作である。

6.6 債券

債券とは資金調達のために発行する借用証書のことで、発行体（国、地方公共団体、政府関係機関、特殊金融機関、企業など）にとっては債務、購入者にとっては債権となる。債券は、購入者が償還期日（満期）まで保有し続けた場合に受け取ることのできる**額面金額**を有する。債券には代表的なものとして**利付債**（クーポン債）と**割引債**（ゼロクーポン債）がある。

利付債とは、額面金額に対する表面利率分の利息（クーポン）が、あらかじめ決められた期間ごと（年2回など）に支払われる債券のことである。例えば、額面金額100万円で表面利率が5％、支払い頻度が年1回の10年債の場合、購入者は10年間にわたって毎年決められた期日に5万円の利息を受け取ることができ、10年後の償還期日に額面金額100万円の返済を受け取る。

また、割引債とは、クーポン支払いがない代わりに、額面金額を割り引いたものを価格として販売される債券のことである。例えば、額面金額100万円で償還期間10年の割引債は、100万円以下の85万円などに割り引かれて売買される。

問題29 額面金額90万円、クーポン率10％、償還期間2年、購入価格90万円のクーポン債（利払いは毎年1回）と、額面金額108万円、償還期間2年、購入価格90万円の割引債がある。どちらを購入しても同じだといえるか。

発行体と購入者の間で引受会社を介して売買された新発債は、当初の購入者の手元に償還期日まで置かれるとは限らない。債券は有価証券なので、株などと同様、他人に転売（譲渡）可能である。そのような取引は既発債市場で行われる。

それでは、どのような状況で当初購入者が手持債券を転売しようとするかを考えてみよう。いま、額面金額100万円、クーポン率10％、償還期間2年のクーポン債（利払いは毎年1回）があったとする。当初購入者は、新発債購入からちょうど1年後に1回目のクーポン10万円を受け取った。そしてその直後に2年目の市場利子率が20％になると予想した。するとそのとき別の投資家がやってきて、2年目の市場利子率は5％になると予想した。

問題30 当初購入者が償還期日まで債券を保有した場合、償還期日での受け取りはいくらになるか。また、2年目の開始直前、第三者に債券を100万円で転売し、その金を2年目の1年間、予想市場利子率で運用した場合、2年目終了時点での予想元利合計はいくらになるか。当初購入者はどちらが有利だと判断するか。

問題31 前問の状況において、2年目の市場利子率が5％になると予想する投資家は、2年目の開始直前に上記の既発債を購入しようとするか。

6.7 利子率

ここでいう**利子率**とはいわゆる市場利子率のことで、金融機関が預金に対して支払う、あるいは、融資に際して課する利子率のことだと考えてよい。実際の利子率は一つには決まらず、満期までの期間や貸し倒れリスクの大きさなどによって異なったものとなる。

流動性とは、資産保有者が、資産をどの程度容易に、かつ損失を被ることな

く売買に使えるかの程度を表す概念である。現金や普通預金などはもっとも流動性が高く、不動産や長期債などは取引相手を見つけるのが困難だったり、値下げを強いられたりする可能性があるので、相対的に流動性が低い。

ケインズは『一般理論』の第13章において、人々の流動性選好と利子率の関係について論じている。古典派は利子率のことを、一定期間の消費を断念することの対価だと考え、同時に、資金の供給である貯蓄と、資金の需要である投資とを均衡させる「価格」だと考えた。一方、ケインズは利子率のことを、資金を貸すことによって一定期間の流動性を犠牲にすることの対価だと考え、同時に、マネーサプライと、貨幣形態で流動性を確保しようとする人々の欲求を均衡させる「価格」だと考えた。

現時点の消費と将来時点の消費に対する選好のことを**時間選好**(time preference)という。人々は自らの時間選好に基づいて、現在所得のいかなる割合を将来消費に充てるかを決める。従来の理論は利子率の考察において、時間選好に基づく人々の意思決定が(1)現在所得のいかなる割合を将来消費のために貯蓄すべきかを決定する、という一つの段階だけからなると考えた。しかしケインズは、この意思決定が(2)貨幣と債券のどちらの資産形態で貯蓄すべきかを決定する、というもう一つの段階を含むと考え、このことを考慮した上での新たな利子論を展開した。

利子論におけるケインズの古典派に対する決定的な新規性は、人々が状況に応じて、利息の得られる債券保有よりも利息のほとんど得られない貨幣保有の方を選好することがあるという事実を取り入れた点にある。人々のこのような振舞いは**流動性選好**(liquidity preference)と呼ばれ、ケインズ経済学の主要概念の一つとなっている。資産を貨幣の形態で保有する場合には利息が得られないので、一定期間の消費を断念することの対価が利子だとする古典派の考えは、流動性選好説の観点からは正しくないことになる。

ケインズによる貨幣と債券の区別には注意が必要である。『一般理論』の第13章の注意書きに述べられているように、ケインズの貨幣概念は普通のものより広く、状況によっては、比較的短期の償還期限をもつ定期預金なども貨幣として扱っている。要するに、考えている資産のうちで比較的流動性の高いものを貨幣に分類し、比較的流動性の低いものを債券に分類しようというわけであ

る。

6.8 コンソル債

永久確定利付債券（**コンソル債**）とは、貸した元本は永久に返済されないが、当初約束された利払い（クーポン支払い）は永久に毎期なされるという債券のことである。ケインズは人々が保有できる資産形態には、貨幣とコンソル債しかないものと仮定した。市場利子率が $100 \times r$ ％だとすると、額面金額 F 円で表面利率が $100 \times \alpha$ ％の債券から得られる収益の割り引き現在価値の合計は

$$\frac{\alpha F}{(1+r)} + \frac{\alpha F}{(1+r)^2} + \frac{\alpha F}{(1+r)^3} + \cdots$$

となる。

> **問題32**
> $\frac{\alpha F}{(1+r)} + \frac{\alpha F}{(1+r)^2} + \frac{\alpha F}{(1+r)^3} + \cdots = \frac{\alpha F}{r}$ となることを示せ。
>
> **問題33**
> $B = \frac{rB}{(1+r)} + \frac{rB}{(1+r)^2} + \frac{rB}{(1+r)^3} + \cdots$ となることを示せ。

このコンソル債の債券価格が B のとき、もし

$$B < \frac{\alpha F}{(1+r)} + \frac{\alpha F}{(1+r)^2} + \frac{\alpha F}{(1+r)^3} + \cdots$$

が成り立つならば、$rB < \alpha F$ となるので、利子率 $100 \times r$ ％で B 円借り入れて上のコンソル債で運用すると、元手ゼロ円で毎期 $\alpha F - rB > 0$ 円の確定利益が得られることになる。また、もし

$$B > \frac{\alpha F}{(1+r)} + \frac{\alpha F}{(1+r)^2} + \frac{\alpha F}{(1+r)^3} + \cdots$$

が成り立つならば、今度は $rB > \alpha F$ となるので、上のコンソル債を B 円で売って、その売上金を利子率 $100 \times r$ ％で運用すると、元手ゼロ円で毎期 $rB - \alpha F > 0$ 円の確定利益が得られることになる。しかし、金利裁定と呼ばれる濡れ手に粟のようなこれらの取引は、市場の働きによって瞬時に不可能となってしまうので、債券価格は r と債券利回り $\left(= \frac{\alpha F}{B}\right)$ が等しくなる水準に定まる。したがって、コンソル債の価格は

$$B = \frac{\alpha F}{(1+r)} + \frac{\alpha F}{(1+r)^2} + \frac{\alpha F}{(1+r)^3} + \cdots$$
$$= \frac{\alpha F}{r}$$

となる。この式から、

> 債券価格 B と利子率 r は一方が上昇すると他方が下落するという関係にある

ということが分かる。

6.9 将来利子率の不確実性と流動性選好

　流動性選好とは先にも述べたとおり、利息の受け取れる債券よりも、利息のない貨幣保有を選好するということである。ケインズは将来利子率の不確実性を、流動性選好が存在する理由の一つとして考えた。もし将来の利子率に不確実性がないとすると、今から2年後の1年満期の利子率は44％だなどというように、将来の任意の時点での任意の満期の利子率を、現時点においてあらかじ

め知ることができることになる。一方、同一条件のもとでの市場金利に差が発生した場合には、金利の高い方の資金に貸し圧力が強まり、金利の低い方の資金に借り圧力が強まるので、そのような金利差はたとえ存在したとしても一時的なものでしかありえない。つまり、市場利子率は市場の働きによって、常に金利裁定機会が存在しないように調整されるのである。例えば、1年後の1年満期の利子率が44％で、現在の1年満期の利子率が0％だとすると、現在の2年満期の利子率は年利20％に調整される。

問題34 1年後の1年満期の利子率が44％で、現在の2年満期の利子率が年利20％の場合、金利裁定が不可能となるには現在の1年満期の利子率が何％でなければならないか。

将来利子率に不確実性がない場合、現在の1年満期の利子率を r_1、1年後の1年満期の利子率を r_2、現在の2年満期の利子率を r とするならば、市場による金利調整により

$$(1+r_1)(1+r_2) = (1+r)^2$$

が成り立つ。さらに利子率 r_1 が正ならば不等式

$$(1+r_2) < (1+r)^2 \tag{6.2}$$

が成り立つ。

ある人が、将来の一定期間内に一定額の資金が必要となることをあらかじめ知っており、その資金に相当する金額の現金を現時点で保有しているものとする。ただし、この人は正確にいつ資金が必要となるかは知らないものとする。すると、この人にはいまの状況で次の選択肢がある。

1. 資金が必要となる時点まで現金を保有し続ける。
2. 現金を市場金利で運用し、資金が必要となったときに市場金利で借り入れる。

不等式（6.2）から、利子率が正の場合には、貨幣保有よりも預金の方がつねに有利だということが分かる。したがって、将来利子率に不確実性がない状

況では、流動性選好は存在しないことになる。例えば、V円の現金をはじめに持っていた人に対して、V円の支払いが、たまたま2年目の開始時点で発生したとする。このとき、2年目開始時点での資金の現在価値は、現金を保有し続けた場合にはV、預金で運用した場合には$\dfrac{V(1+r)^2}{1+r_2} > V$となるので、明らかに後者の方が有利になる。

> **問題35** 将来利子率に不確実性がないとき、一般に貨幣保有よりも預金の方が有利になるのはなぜか。ただし、100万円の支払いが1年後に発生し、現在現金100万円を保有しているものとする。

しかし、将来利子率が不確実な場合には、人々は想定される支払い発生時点から定期預金満期までの利子率を自分なりに予測するしかなくなる。以前のように現行利子率から計算することはできなくなる。そして、将来利子率 r_2 が不等式 $(1+r_2) > (1+r)^2$ を満たすほど極度に高くなると予測する人は、預金による運用よりも現金保有の方が賢明な選択だと感じるであろう。

■練習問題

穴埋め問題

1. 現金通貨は日本銀行の発行する（　　　）と国（財務省）が製造して日銀に交付する（　　　）からなり、預金通貨は個人や企業が金融機関に保有している（　　　）と、金融機関が日銀に保有している（　　　）からなる。
2. 日本銀行券発行残高＋狭義の「貨幣」流通量、および、日銀当座預金を総称して（　　　）という。
3. 日本におけるマネーサプライの代表的な指標としては（　　　）と（　　　）が用いられており、日銀により定期的にそれらの残高や伸び率が公表されている。
4. 集めた預金のうち一定割合を準備金として日銀に預託する制度のことを（　　　）という。
5. ハイパワードマネー増加の（　　　）倍だけマネーサプライが増加する。
6. 債券の種類には代表的なものとして（　　　）と（　　　）がある。
7. 利息の得られる債券保有よりも、利息のほとんど得られない貨幣保有の方を選

好することを（　　　）という。
8．債券価格と利子率は一方が上昇すると他方が（　　　）するという関係にある。

計算問題

1．現金・預金比率を0.2、準備・預金比率を0.04とするとき、マネーサプライを80兆円増加させるには、ハイパワードマネーをいくら供給すればよいか。

2．現在の2年満期の利子率を0.45、3年目の1年満期の利子率を0.6とするとき、将来利子率に不確実性がないとすると、現在の3年満期の利子率はいくらになるか。ただし$1.45^2 = 2.109375$として計算せよ。

第7章 流動性関数とその性質

7.1 流動性選好（貨幣保有）動機

ケインズは、『一般理論』の13章および15章において、人々が貨幣を保有する動機を次のように三つに分類した。

1．取引動機（transaction-motive）

(a) **所得動機**（income-motive）：所得を受け取る時点と生活費などに支出する時点には、通常、時間的なずれがある。そのため人々は、今期の所得を受け取った時点から、次期の所得を受け取る時点までの間に発生する生活上の支出などに充てるために、現金を手元に保持しておこうとする。所得が増えると財の取引量が増えるので、所得動機に基づく貨幣保有量も増える。個人の平均貨幣残高は、所得の受け取り時点と支出時点の経常的な時間間隔によって決まる。例えば、月給10万円の人が、1ヵ月間にわたって同じ割合で継続的に支出するならば、平均貨幣残高は5万円になるが、週給2万5千円の人が、1週間にわたって同じ割合で継続的に支出するならば、平均貨幣残高は1万2,500円になる。マクロレベルにおける所得動機の強度は、個人レベルにおける所得動機の強度の総和なので、所得の増加とともに増大し、所得を受けとる時点と支出する時点の経常的な時間間隔に依存すると考えられる。

(b) **営業動機**（business-motive）：販売代金の受け取り時点から、次の販売代金の受け取り時点までの間に発生する各種営業支出に充てるため、人々は現金を手元に保持しておこうとする。営業動機の強度は、おもに、産出

量（したがって所得）と生産物の流通回数によって決まる。

2．**予備的動機**（precautionary-motive）：将来の不測の支出に備えるためや、予期していなかった有利な購入機会を逃さないために、人々は現金を手元に保持しておこうとする。また、将来利子率の予測によっては、将来発生すると予見される負債の支払いに充てるため、人々は安全資産として同額の現金を手元に保持しておこうとすることがある。

注意：取引動機と予備的動機の強度は、現金が必要になったとき、どれだけ低コストかつ確実にそれを調達することができるかによって決まる。仮に、いつでも、費用ゼロで債券を現金化することが可能だとしたら、取引動機に基づく貨幣需要はなくなってしまう。所得を全額債券に投資し、支払い発生時にコストゼロで債券を換金する方が貨幣保有よりも有利になるからである。また、取引動機と予備的動機の強度は、貨幣を保有することから生じる相対的なコストにも依存する。現金を手元に保持するということは、貸した場合にその期間に得られるであろう利息を犠牲にすることにほかならないので、その意味での犠牲が大きい（高利子率）場合、人々はより少なめの貨幣を保持しようとし、反対に小さい（低利子率）場合、より多めの貨幣を保持しようとする。

3．**投機的動機**（speculative-motive）：利子率が高い（債券価格が安い）ときには、人々はそれが将来下がる（債券価格が上昇する）と予想するようになり、逆に利子率が低い（債券価格が高い）ときには、人々はそれが将来上がる（債券価格が下落する）と予想するようになる。したがって利子率が高いときには、将来にわたってその高い利子率を享受できるように、人々は保有現金を減らして債券を買い増そうとする。逆に利子率が低く、債券価格が高いときには、含み益の確保または損失回避のために、人々は保有債券を売却して現金を手元に保持しておこうとする。

7.2 流動性関数

ケインズは、取引動機と予備的動機に基づく貨幣需要はほぼ国民所得 Y だけに依存し、投機的動機に基づく貨幣需要は利子率 r だけに依存すると考えた。したがって、取引動機と予備的動機に基づく貨幣需要は Y の関数 $L_1(Y)$

第7章 流動性関数とその性質

となり、投機的動機に基づく貨幣需要は r の関数 $L_2(r)$ となるとしてよい。関数 $L_1(Y)$ および $L_2(r)$ は**流動性関数**と呼ばれる。

ケインズは、**所得速度**（income velocity）V を、国民所得 Y と、取引動機と予備的動機に基づく貨幣需要 L_1 の比 $V = Y/L_1$ として定義し、それが短期的には一定であると考えた。すると

$$L_1(Y) = V^{-1}Y$$

と書けるので、

L_1 は Y の増加関数

であることが分かる。

また、前述したように

L_2 は r の減少関数

である。

次に L_2 と r の関係を詳しく調べてみよう。一般に証券投資の収益は、譲渡による**キャピタルゲイン**（売却益）または**キャピタルロス**（売却損）、および、証券を保有することにより定期的に得られる**インカムゲイン**（配当や利息など）からなる。コンソル債のインカムゲインはクーポンにほかならない。

今期の利子率 r が、来期には $r+\Delta r$ に変化すると予想する人は、クーポン αF を支払うコンソル債のキャピタルゲイン（またはキャピタルロス）が

$$\frac{\alpha F}{r+\Delta r} - \frac{\alpha F}{r}$$

になると期待する。したがって、この人はコンソル債の今期収益 E が

$$E = \frac{\alpha F}{r+\Delta r} - \frac{\alpha F}{r} + \alpha F$$
$$= \frac{r^2 - \Delta r + r\Delta r}{r(r+\Delta r)} \times \alpha F$$

になると期待するはずである。微小量 $r\Delta r$ を無視するならば、債券保有と貨幣保有に対するこの人の選好は次のようになる。

1. $r^2 > \Delta r$ ならば債券保有が有利。
2. $r^2 = \Delta r$ ならば債券保有と貨幣保有について無差別。
3. $r^2 < \Delta r$ ならば貨幣保有が有利。

問題36 今期の利子率が4％であるとき、来期の利子率が4.1％に上昇すると予想する人が、利子率の上昇を理由に手持債券を売却すべきかどうかを判断せよ。

　将来利子率が下落すると予想する人は、当然ながら債券を保有しようとする。しかし上の考察から明らかになったように、将来利子率が上昇すると予想する人でも、その人の予想上昇幅が現行利子率の2乗を下回る場合には債券を保有しようとする。
　今期から来期にかけての上昇幅 Δr の人々による予測値は、利子率が下がれば下がるほど大きい方にシフトする。それは、利子率 r が下がれば下がるほど、より多くの人々が将来利子率 $r+\Delta r$ のより大きな上昇を予想するようになるからである。
　例えば $r=0.04$ のときに、100人の人による Δr の予測値の分布が次の表のようだったとすると、

Δr	–0.02	–0.01	0	0.01	0.02
人数	10	20	30	30	10

$r=0.02$ のときには、例えば次の表のようになる。

第 7 章　流動性関数とその性質

Δr	−0.01	0	0.01	0.02	0.03
人数	10	20	30	30	10

すると $r=0.04$ のときには、$r^2 = 0.0016$ なので、不等式 $r^2 < \Delta r$ が成り立つと考える人の数は10人なのに対して、$r = 0.02$ のときには、$r^2 = 0.004$ なので、上の不等式が成り立つと考える人の数は70人に急増する。これから分かるように、利子率 r が下落すると、より多くの人々が債券を売って貨幣を保有しようとするので貨幣需要は増加する。反対に利子率 r が上昇すると、より多くの人々が債券保有の方を有利だと考えるようになるので、貨幣需要は減少する。

次に、利子率に反応する貨幣需要 $L_2(r)$ が存在するのは、どのような状況においてかを考えてみよう。まず、将来利子率に不確実性がなければならないことが分かる。さらに、将来利子率の人々による予測値が同じではなく、バラついていなければならないことが分かる。このことは、債券価格について、強気筋から弱気筋まで、いろいろな見方をする人がいなければならないといっても同じである。理由はこうである。仮に、全員が 4 ％の現行利子率の将来 7 ％への上昇を予想したとする。その場合には、全員が債券の売却を望み、誰一人として債券を購入しようとはしないであろう。すると、債券市場では債券価格が、売買不成立のまま、利子率 7 ％に対応する水準まで下落する。そのため、投機的動機に基づく貨幣需要はまったく変化しない。このように、将来利子率の予測値にバラつきがない状況では $L_2(r) = $ 一定 となるのである。

7.3　流動性の罠

ケインズは可能性として、利子率にはもうそれ以上下がらないという下限が存在し、利子率がそのような下限に近づくにつれて、人々の流動性選好は無限に発散すると考えた。利子率のそのような下限は、対応する債券価格がすでに十分高く、ほとんどの人々が今後は下落する以外にないと考えるときに形成される。したがって、利子率がそのような下限に近づくとき、人々は一斉に保有債券のすべてを換金しようとするので、貨幣需要が無限に増加するのである。このときの利子率の下限を r_0 とすると、流動性関数 $L_2(r)$ のグラフは $r = r_0$

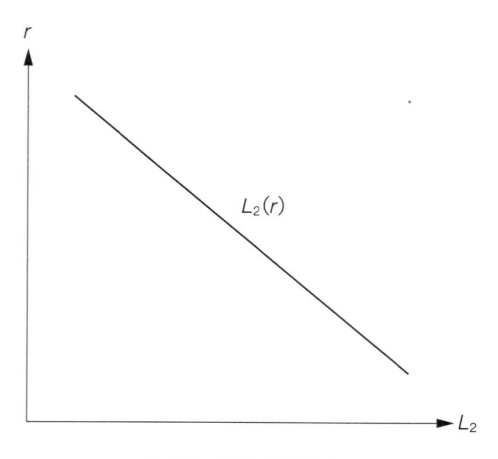

図7.1　流動性関数 L_2

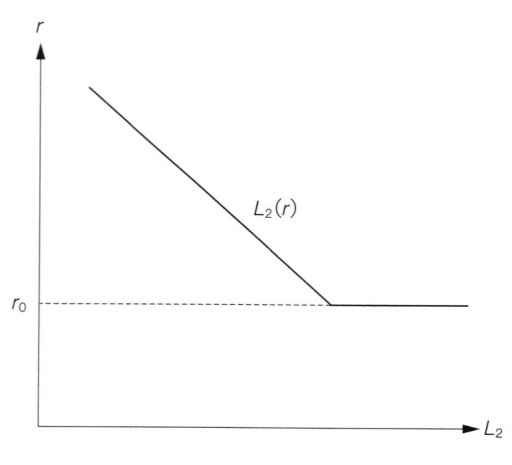

図7.2　流動性の罠

のところで横軸に平行となる。この状態のことを**流動性の罠**（liquidity trap）と呼ぶ。

7.4　ワルラス法則

　貨幣の供給を M、需要を $L = L_1 + L_2$、そして、債券の供給を B_s、需要を

B_d とすると、資産市場の均衡条件は

$$M + B_s = L + B_d$$

となる。この式を

$$M - L = -(B_s - B_d)$$

のように変形することにより、貨幣市場の均衡 $M = L$ と債券市場の均衡 $B_s = B_d$ は、一方が成り立てば他方も成り立つという関係にあることが分かる。これは**ワルラス法則**（Walras' law）として知られる。また、次のこともいえる。

1. 貨幣市場が超過供給 $M > L$ ならば、債券市場はその分超過需要 $B_s < B_d$ になる。

2. 貨幣市場が超過需要 $M < L$ ならば、債券市場はその分超過供給 $B_s > B_d$ になる。

■練習問題

穴埋め問題

1. ケインズは人々の貨幣保有動機を、取引動機、（　　　）、（　　　）の三つに大別した。
2. 取引動機はさらに（　　　）と（　　　）に分けられる。
3. 取引動機と予備的動機に基づく流動性関数 $L_1(Y) = V^{-1}Y$ に出てくる量 V は、短期的には定数となり（　　　）と呼ばれる。
4. 一般に証券投資の収益は、譲渡による（　　　）または（　　　）、および、証券を保有することにより定期的に得られる（　　　）からなる。
5. 今期の利子率 r が来期には $r + \Delta r$ に変化すると予想する人は、$r^2 < \Delta r$ のとき（　　　）保有を望む。
6. 利子率の低下は（　　　）売りを加速し、貨幣需要を増加させる。
7. 利子率が下限に近づくとき、人々は保有債券のすべてを貨幣に換金する行動に出る。その結果、貨幣需要が無限大になる状態のことを（　　　）という。
8. （　　　）によると、貨幣市場の均衡 $M = L$ と債券市場の均衡 $B_s = B_d$ は、一方が成り立てば他方も成り立つという関係にある。

計算問題

1．期首残高 B が一定率で減少し、時間 T が経過したときに 0 になったとすると、期間中の平均残高は $\dfrac{B}{2}$ となる。28万円の給料を、生活費として一定率で支出する人がいる。給料が月給、週給、日給のそれぞれの場合について、平均貨幣残高を求めよ。ただし 1 か月 = 28 日とせよ。

2．毎期末に164万円のクーポンが支払われるコンソル債がある。今期の期首の利子率4％が期末までに4.1％へと上昇するならば、このコンソル債の今期収益はいくらになるか。

第8章 IS-LM 分析

注意：これから先、混乱の恐れがない限り、国民所得といえば均衡国民所得を指すものとする。

8.1 財・サービス市場の均衡と IS 曲線

第3章で明らかになったように、政府部門と海外部門を無視して考える場合、財・サービス市場の均衡条件 $Y_s = Y_d$ と IS バランス式 $I = S(Y)$ は同等になる。ただしそこでは、投資 I が一定とされていた。投資 I が利子率 r に依存して変化する場合の IS バランス式は、以前のものの左辺 I を $I(r)$ で置き換えることによって得られる。したがって、利子率を考慮する場合の IS バランス式は

$$I(r) = S(Y)$$

となる。座標平面上で横軸を Y、縦軸を r とすると、IS バランス式のグラフは、財・サービス市場を均衡させる国民所得と利子率の組み合わせ (Y, r) からなる曲線となる。この曲線のことを **IS 曲線**と呼ぶ。

問題37 消費関数を $C(Y) = 0.6Y + 100$、投資関数を $I(r) = 100 - 100r$ とするとき、IS 曲線の式を求めよ。また、$r = 0.2$ のときと、$r = 0.1$ のときの国民所得 Y をそれぞれ求めよ。

政府部門を考慮した場合の IS バランス式は、式（3.1）から

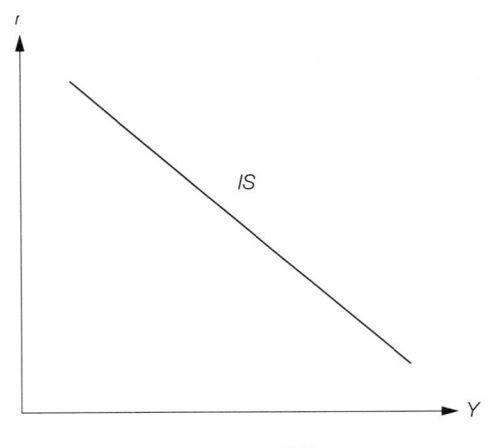

図8.1 IS曲線

$$I(r)+G = S(Y)+T \tag{8.1}$$

となることが分かる。

8.2 IS曲線の性質

$Y-r$ 平面上で、式（8.1）で定義される IS 曲線がどのような性質を持つのか調べてみよう。まず、Yを増加させ、それによってrがどのように変化するかを調べる。

1. Yを増加させる。
2. $S(Y)$はYの増加関数なので、式（8.1）の右辺が増加する。
3. 等号が成り立つには、式（8.1）の左辺が増加しなければならない。
4. $I(r)$はrの減少関数なので、$I(r)+G$が増加するためには、rが減少しなければならない。

以上の考察から次のことが分かる。

第 8 章 IS-LM 分析

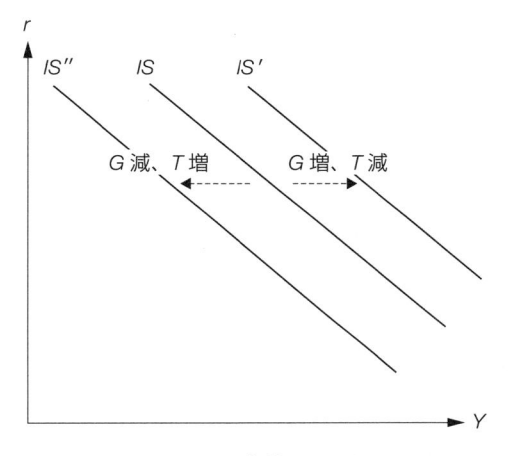

図8.2 IS 曲線のシフト

IS 曲線は、一般に、右下がりとなる。

式 (8.1) に含まれる G や T が変化すると、IS 曲線は左右にシフトする。したがって、政府支出を増減させたり、減税や増税を行うと IS 曲線は左右にシフトする。

問題38 消費関数を $C(Y) = 0.6(Y-T)+100$、投資関数を $I(r) = 100-100r$、政府支出を $G = 50$、租税を $T = 50$ とするとき、IS 曲線の式を求めよ。また、$T = 50$ のままで政府支出を $G = 50$ から $G = 100$ へと増加させた場合、IS 曲線はどのようにシフトするか。さらに、$G = 50$ のままで $T = 50$ から $T = 100$ へと増税した場合、IS 曲線はどのようにシフトするか。

IS 曲線が左右どちらにシフトするかを判定するには、r を固定しながら G や T を変化させるとき、Y が増えるか減るかを調べればよい。そのとき Y が増えるということは IS 曲線の右シフトを意味するし、減るということは左シフトを意味する。また、r を固定することは投資 I を一定とすることにもなるので、r を固定しながら G や T を変化させるときの Y の増減は、26ページの

(3.2) から知ることができる。結果は次のようになる（図8.2参照）。

G 増 ⇒ 右シフト	G 減 ⇒ 左シフト
T 増 ⇒ 左シフト	T 減 ⇒ 右シフト

8.3　貨幣市場の均衡化プロセス

　ここでは貨幣市場が不均衡状態にあるとき、どのようなプロセスによって均衡化されるかを分析する。ただし、国民所得 Y と物価 P は一定だと仮定する。
　はじめにマネーサプライと貨幣需要がそれぞれ何であったかを思い出そう。マネーサプライとは民間部門が保有する貨幣ストックの総量のことであり、貨幣需要とは民間部門が保有したいと望む貨幣ストックの総量のことであった。

注意：前に述べたように、マネーサプライの調節は必ず誰かの預金口座残高の増減を通してなされるので、どの瞬間においても、マネーサプライの総額は最後の1円にいたるまで誰かの手元に保持されている。

1．はじめにある利子率 r のもとで、貨幣市場が均衡（$M = L$）していたものとする。
2．マネーサプライ M を増加させる。人々は、債券保有量と比べて、望む以上の量の貨幣を保有していると感じるようになる。
3．貨幣と債券の保有比率（ポートフォリオ）を調整するために、人々は貨幣を債券に換えようとする。つまり債券を買おうとする。
4．新たに生まれた債券需要は債券価格を上昇させる。前に述べたように、これは利子率 r の下落を意味する。
5．利子率 r の下落に伴って貨幣需要 L が増加する。
6．$M = L$ となる水準まで L が増加するとき、人々が保有する貨幣量と、人々が保有したいと望む貨幣量が等しくなるので、貨幣市場は均衡する。

　マネーサプライ M を減少させた場合には、上と逆のプロセスによって貨幣市場が均衡に到達する。いま明らかになったことをまとめると次のようになる。

第8章 IS-LM 分析

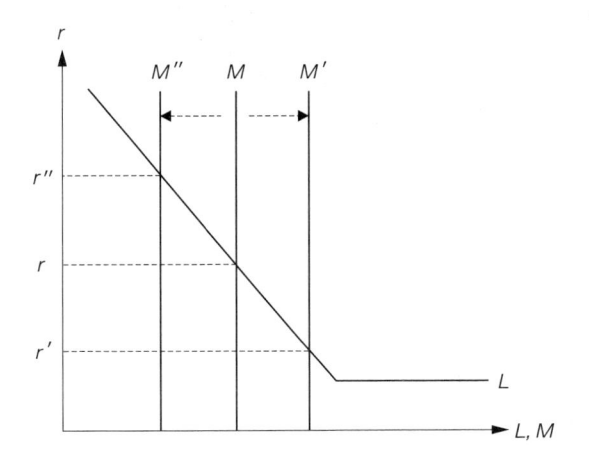

図8.3 貨幣市場の均衡化プロセス

> 国民所得 Y と物価 P が一定であるとき、マネーサプライ M を増加させると利子率 r は下落し、マネーサプライ M を減少させると利子率 r は上昇する。

8.4 貨幣市場の均衡と LM 曲線

ここでは、貨幣市場の均衡に対する物価 P の影響を考察するために、いままで扱ってきた名目貨幣供給 M の代わりに、それを物価 P で割ることによって得られる実質貨幣供給を考える。ただし、貨幣需要関数は前と同じ $L = L_1 + L_2$ とする。すると、貨幣市場の均衡条件は次のようになる。

$$\begin{aligned}\frac{M}{P} &= L(Y,\ r) \\ &= L_1(Y) + L_2(r)\end{aligned} \quad (8.2)$$

$L_1(Y)$ が Y の増加関数であることと、$L_2(r)$ が r の減少関数であることは前と変わりない。座標平面上で横軸を Y、縦軸を r とすると、式 (8.2) のグラフ

75

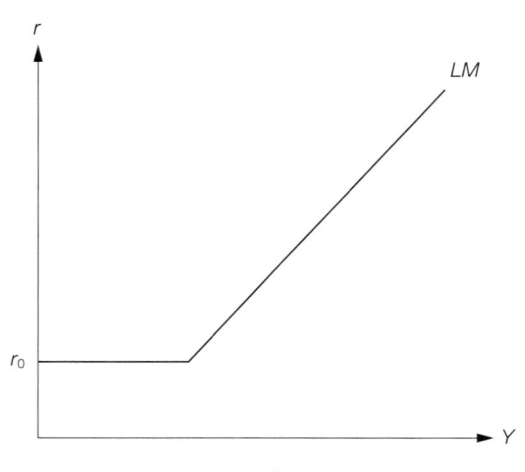

図8.4 LM曲線の性質

は、貨幣市場を均衡させる国民所得と利子率の組み合わせ (Y, r) からなる曲線となる。この曲線のことを **LM 曲線** と呼ぶ。

8.5 LM 曲線の性質

Y–r 平面上で、式 (8.2) で定義される LM 曲線がどのような性質を持つのか調べてみよう。まず、M, P を一定としながら Y を増加させ、それによって r がどのように変化するかを調べる。

1. Y を増加させる。
2. $L_1(Y)$ は Y の増加関数なので、$L_1(Y)$ が増加する。
3. 等号が成り立つには、$L_2(r)$ が減少しなければならない。
4. $L_2(r)$ は r の減少関数なので、$L_2(r)$ が減少するためには、r が増加しなければならない。

以上の考察から次のことが分かる。

LM 曲線は、一般に、右上がりとなる。

利子率の下限 $r = r_0$ で生じる流動性の罠に相当する水平な部分が、グラフ上に現れる。

式 (8.2) に含まれる定数 P や M が変化すると、LM 曲線は左右にシフトする。したがって、物価が上下すると LM 曲線は左右にシフトする。また、マネーサプライを増減させると、LM 曲線は左右にシフトする。

> **問題39** 流動性関数を $L_1(Y) = 0.6Y$、$L_2(r) = 100 - 75r$、物価を $P = 2$、マネーサプライを $M = 842$ とするとき、LM 曲線の式を求めよ。また、$P = 2$ のままでマネーサプライを $M = 842$ から $M = 1042$ へと増加させるならば、LM 曲線はどのようにシフトするか。さらに、$M = 842$ のままで、物価が $P = 2$ から $P = 4$ へと上昇した場合、LM 曲線はどのようにシフトするか。

P や M が変化するとき、LM 曲線が左右どちらにシフトするかを判定するには、Y を固定しながら P や M を変化させたとき、r が増えるか減るかを調べればよい。r が増えるということは LM 曲線の左シフトを意味するし、減るということは右シフトを意味する。また、Y を固定することは、貨幣の取引需要 $L_1(Y)$ を一定とすることにもなるので、Y を固定しながら P や M を変化させる場合の r の増減は図8.3から知ることができる。結果は次のようになる。

M 増 ⇒ 右シフト	M 減 ⇒ 左シフト
P 増 ⇒ 左シフト	P 減 ⇒ 右シフト

8.6 財・サービス市場と貨幣市場の同時均衡

国民所得 Y と利子率 r は、財・サービス市場と貨幣市場が同時に均衡するように決まる。したがって、そのような Y と r の組 (Y, r) は、物価 P が変化しないという条件のもとでは、IS 曲線と LM 曲線の交点の座標となる。このようにして、財・サービス市場と貨幣市場の同時均衡の様子を調べる方法を **IS-LM 分析**という。

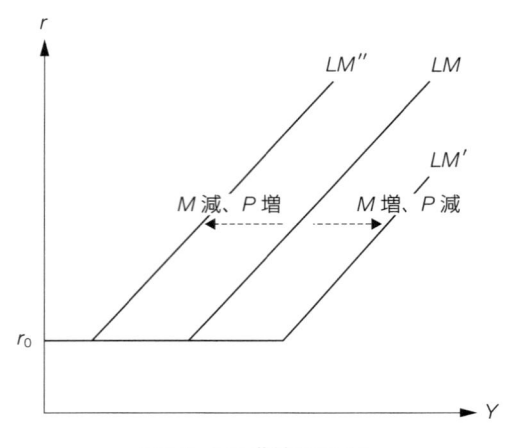

図8.5 LM 曲線のシフト

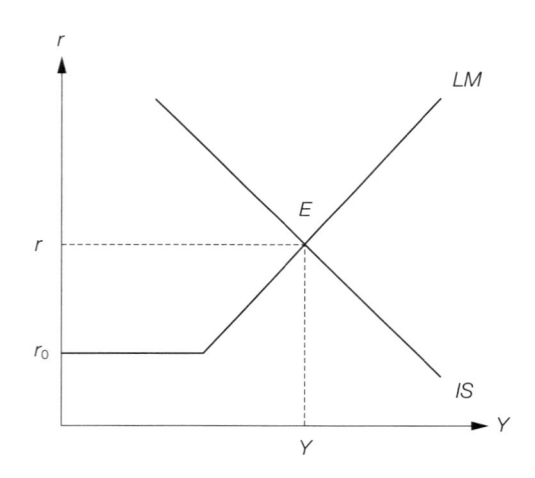

図8.6 財・サービス市場と貨幣市場の同時均衡

問題40 消費関数を $C(Y) = 0.6(Y-T)+100$, 投資関数を $I(r) = 100-100r$, 政府支出を $G = 50$, 租税を $T = 50$, 流動性関数を $L_1(Y) = 0.6Y$, $L_2(r) = 100-75r$, 物価を $P = 2$, マネーサプライを $M = 842$ とするとき、財市場と貨幣市場を同時に均衡させる国民所得 Y と利子率 r を求めよ。

第8章 IS-LM分析

■練習問題

穴埋め問題

1. 財・サービス市場を均衡させる国民所得と利子率の組み合わせ（Y, r）からなる曲線のことを（　　　）曲線といい、そのグラフは一般に右（　　　）である。
2. IS曲線は、政府支出を増加させると（　　　）シフトし、増税すると（　　　）シフトする。
3. （　　　）とは、民間部門が保有する貨幣ストックの総量のことで、（　　　）とは民間部門が保有したいと望む貨幣ストックの総量のことである。
4. 国民所得 Y と物価 P が一定であるとき、マネーサプライ M を増加させると利子率 r は（　　　）し、マネーサプライ M を減少させると利子率 r は（　　　）する。
5. 貨幣市場を均衡させる国民所得と利子率の組み合わせ（Y, r）からなる曲線のことを（　　　）曲線といい、そのグラフは一般に右（　　　）である。
6. LM曲線は、マネーサプライを増加させると（　　　）シフトし、物価が上昇すると（　　　）シフトする。

計算問題

1. 消費関数を $C(Y) = 0.6(Y-T)+100$、投資関数を $I(r) = 100-100r$、政府支出を $G = 50$、租税を $T = 50$、流動性関数を $L_1(Y) = 0.6Y$、$L_2(r) = 100-75r$、物価を $P = 2$、マネーサプライを $M = 842$ とするとき、物価が突然20%上昇したとすると、物価上昇の前後で国民所得 Y と利子率 r はどのように変化するか。
2. 消費関数を $C(Y) = 0.6(Y-T)+100$、投資関数を $I(r) = 100-100r$、政府支出を $G = 50$、租税を $T = 50$、流動性関数を $L_1(Y) = 0.6Y$、$L_2(r) = 100-75r$、物価を $P = 2$、マネーサプライを $M = 842$ とするとき、減税によって国民所得を20増加させたい。減税額を求めよ。

第9章 総需要管理政策

9.1 財政政策

　景気後退局面では政府支出の増加または減税によって国民所得や雇用を拡大しようとし、インフレ局面では反対に政府支出の減少または増税によって国民所得や雇用を縮小しようとする経済政策のことを**財政政策**という。前に述べたように、拡大的な財政政策（G 増、T 減）は IS 曲線を右シフトさせ、縮小的な財政政策（G 減、T 増）は IS 曲線を左シフトさせる。したがって、一般に、拡大的な財政政策を行うと国民所得 Y は増加し、それに伴って利子率 r は上昇する。また、縮小的な財政政策を行うと国民所得 Y は減少し、それに伴って利子率 r は下落する。

　次に、図9.1において、財政政策実施前の均衡 E_1 から実施後の均衡 E_3 に移行するプロセスを少し詳しく分析する。

1. 国民所得の目標値 Y_2 を達成するために必要な財政支出増 ΔG、または、減税額 $-\Delta T$ を、乗数理論によって算出し、拡大的な財政政策を実施する。貨幣市場は財政政策にすぐには反応しないので、利子率 r は当面一定だと考えられている点に注意。

2. 経済は点 E_1 から点 E_2 へと移行する。

3. 点 E_2 は IS 曲線上にあるので、点 E_2 で財・サービス市場は均衡しているが、点 E_2 はまた LM 曲線の下側にもあるので、点 E_2 で貨幣市場は超過需要に陥っている。その結果、財・サービス市場での均衡を保ちながら貨幣市場も均衡するように Y が減少し、また r が上昇して、点 E_2 は新たな均衡

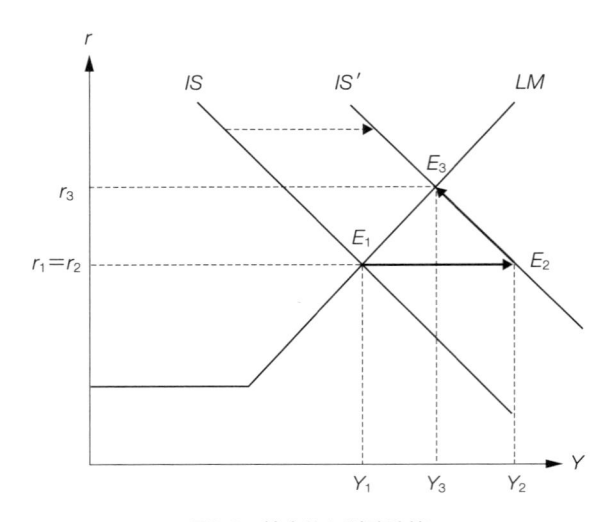

図9.1 拡大的な財政政策

E_3 へと移行する。

4. 政策実施によって最終的に実現された国民所得 Y_3 は、当初目標としていた Y_2 よりも小さくなっている。

　最終的に実現された国民所得が当初目標以下になってしまったのは、利子率上昇により投資が減少したからである。このように、利子率が上昇した結果、当初目指した有効需要の増分が得られなくなってしまうことを**クラウディングアウト**（crowding out）という。これは、財・サービス市場と金融市場を関連付けて分析することにより、はじめて理解できるようになった現象である。

9.2　金融政策

　景気後退局面ではマネーサプライの増加によって国民所得や雇用を拡大しようとし、インフレ局面では反対にマネーサプライの減少によって国民所得や雇用を縮小しようとする政策のことを**金融政策**という。前に述べたように、拡大的な金融政策（M 増）は LM 曲線を右シフトさせ、縮小的な金融政策（M 減）は LM 曲線を左シフトさせる。したがって、一般に、拡大的な金融政策を行うと国民所得 Y は増加し、それに伴って利子率 r は下落する。また、縮小的

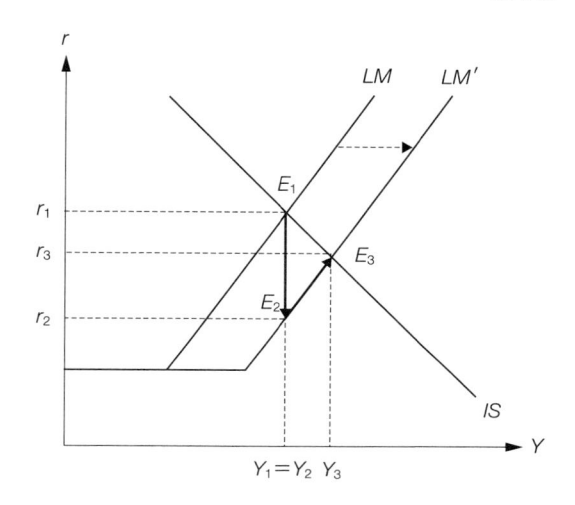

図9.2 拡大的な金融政策

な金融政策を行うと国民所得 Y は減少し、それに伴って利子率 r は上昇する。

図9.2において、金融政策実施前の均衡 E_1 から実施後の均衡 E_3 に移行するプロセスを、ケインズは『一般理論』15章の中で次のように説明している。

1. マネーサプライ M を増加させると、利子率が r_1 から r_2 へと下落する。
2. 経済は均衡 E_1 から点 E_2 へと移行する。
3. 点 E_2 は LM 曲線上にあるので、点 E_2 で貨幣市場は均衡しているが、点 E_2 はまた IS 曲線の下側にもあるので、財・サービス市場は超過需要 $S(Y)+G<I(r)+T$ に陥っている。その結果、貨幣市場での均衡を保ちながら財・サービス市場も均衡するように Y が増加し、また r が上昇して、点 E_2 は新たな均衡 E_3 に移行する。

金融政策の実施により経済が新たな均衡に移行するプロセスが上述のようなものである場合、マネーサプライが増加されると、貨幣市場がまず反応して利子率が下がる。このときの、貨幣の超過供給は、利子率の下落によって生み出された貨幣の投機的需要によっていったんすべて吸収される。他方、利子率の下落は投資を刺激するので、財・サービス市場が超過需要に陥る。すると、貨幣市場の均衡を維持したまま、財・サービス市場が均衡を回復しようとするの

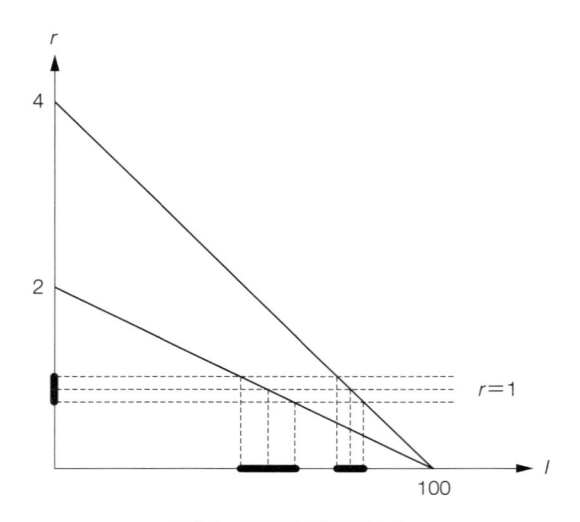

図9.3　投資の利子弾力性

で、利子率の上昇を伴いながら国民所得が増加する。このときの利子率上昇は貨幣の新たな超過供給を生み出すが、それは、国民所得増に伴う取引需要の増加によって吸収される。

　金融政策を有効とするためには利子率を十分引き下げなければならないというケインズの主張は、上で説明したプロセスを念頭に置いたものである。

9.3　投資の利子弾力性

　利子率が r から $r+\varDelta r$ へと変化するとき、投資は $I(r)$ から $I(r+\varDelta r)$ へと変化する。このときの投資の変化は

$$\varDelta I = I(r+\varDelta r) - I(r)$$

となる。利子率 r における**投資の利子弾力性** $E(r)$ とは

$$E(r) = -\frac{\dfrac{\varDelta I}{I}}{\dfrac{\varDelta r}{r}}$$

によって定義される量のことで、おおざっぱにいうと、利子率が r から1％変化するとき、投資が $I(r)$ から何％変化するかを表す量である。

問題41 投資関数 $I_1(r) = 100-50r$ の r における利子弾力性を $E_1(r)$ とし、投資関数 $I_2(r) = 100-25r$ の r における利子弾力性を $E_2(r)$ とするとき、$E_1(1)$ と $E_2(1)$ を求めよ。

図9.3から明らかなように、投資の利子弾力性は投資関数のグラフが水平に近ければ近いほど大きくなり、垂直に近ければ近いほど小さくなる。このことを表にまとめると次のようになる。

投資関数のグラフが水平に近い	利子弾力性大
投資関数のグラフが垂直に近い	利子弾力性小

9.4 貨幣需要の利子弾力性

投資の利子弾力性と同様の議論を、貨幣需要関数 $L_2(r)$ について繰り返すと、**貨幣需要の利子弾力性**に関する次の結果が得られる。

貨幣需要関数 $L_2(r)$ のグラフが水平に近い	利子弾力性大
貨幣需要関数 $L_2(r)$ のグラフが垂直に近い	利子弾力性小

貨幣需要関数 $L_2(r)$ のグラフにおける流動性の罠に相当する部分では、利子弾力性は無限大になる。

9.5 利子弾力性と財政・金融政策の有効性

利子弾力性の大きい投資関数 I_1 と小さい投資関数 I_2 が与えられているものとする。これらの投資関数に対応する IS 曲線をそれぞれ IS_1、IS_2 とすると、IS_1 のグラフはより水平に近くなり、IS_2 のグラフはより垂直に近くなる。その理由はこうである。利子率が r の水準から上下に1％振れるとき、I_1 の方が

I_2 よりも大きく変動する。すると $I_1(r) = S(Y)$、$I_2(r) = S(Y)$ であることから、第 1 式の貯蓄 $S(Y)$ の方が第 2 式の貯蓄 $S(Y)$ よりも大きく変動する。その結果、第 1 式の国民所得 Y の方が第 2 式の国民所得 Y よりも大きく変動することになる。

投資の利子弾力性大	IS 曲線は水平に近い
投資の利子弾力性小	IS 曲線は垂直に近い

問題42 消費関数を $C(Y) = 0.6(Y-T)+100$、政府支出を $G = 50$、租税を $T = 50$ とするとき、投資関数 $I_1(r) = 100-50r$、および、投資関数 $I_2(r) = 100-25r$ に対応する IS 曲線をそれぞれ求め、比較せよ。

貨幣需要の利子弾力性と LM 曲線の間の関係についても、投資の利子弾力性と IS 曲線の間の関係と同様の結果が得られる。

貨幣需要の利子弾力性大	LM 曲線は水平に近い
貨幣需要の利子弾力性小	LM 曲線は垂直に近い

理由はこうである。利子弾力性の大きな $L_2(r)$ と小さな $L_2(r)$ が与えられているものとすると、利子率が r の水準から上下に 1％振れるとき、利子弾力性の大きな $L_2(r)$ の方が小さな $L_2(r)$ よりも大きく変動する。すると、均衡式 $M/P = L_1(Y)+L_2(r)$ により、利子弾力性の大きな $L_2(r)$ に対応する $L_1(Y)$ の方が、小さな $L_2(r)$ に対応する $L_1(Y)$ よりも大きく変動するので、$L_1(Y) = V^{-1}Y$ であることから、利子弾力性の大きな $L_2(r)$ に対応する Y の方が、利子弾力性の小さな $L_2(r)$ に対応する Y よりも大きく変動することになる。

問題43 流動性選好関数 $L_2^H(r) = 100-75r$ と $L_2^L(r) = 100-50r$ の r における利子弾力性をそれぞれ求め、比較せよ。$L_1(Y) = 0.6Y$ とし、物価を $P = 2$、マネーサプライを $M = 842$ とするとき、それぞれの流動性選好関数に対応する LM 曲線を求め、比較せよ。

第9章　総需要管理政策

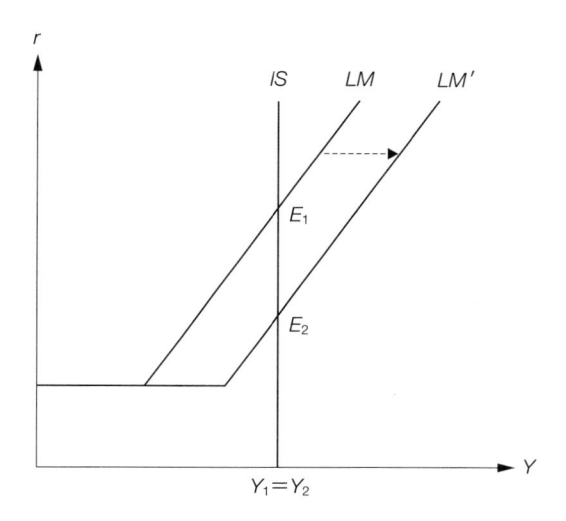

図9.4　金融政策無効のケース

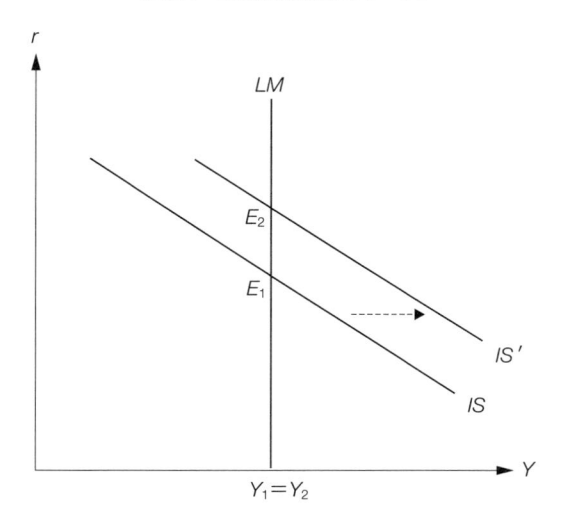

図9.5　財政政策無効のケース

IS 曲線と LM 曲線の一般的な形の分析から次のことが分かる。

1．投資の利子弾力性が大きければ大きいほど、金融政策の有効性は増す。
2．貨幣需要の利子弾力性が大きければ大きいほど、財政政策の有効性は増す。

3．投資の利子弾力性がすべての利子率でゼロならば、金融政策は無効となる。
4．貨幣需要の利子弾力性がすべての利子率でゼロならば、財政政策は無効となる。

　図9.4および図9.5から明らかなように、投資の利子弾力性がすべての利子率でゼロのときに拡大的な金融政策を実施しても、利子率が下落するだけで国民所得は変化しない。また、貨幣需要の利子弾力性がすべての利子率でゼロのときに拡大的な財政政策を実施しても、利子率が上昇するだけで国民所得は変化しない。

■練習問題

穴埋め問題

1．景気後退局面では政府支出の増加または減税によって国民所得や雇用を拡大しようとし、インフレ局面では反対に政府支出の減少または増税によって国民所得や雇用を縮小しようとする政策のことを（　　　）という。
2．一般に、拡大的な財政政策を行うと、国民所得 Y は（　　　）し、それに伴って利子率 r は（　　　）する。
3．利子率が上昇したために、当初目指した有効需要の増分が得られなくなってしまうことを（　　　）という。
4．景気後退局面ではマネーサプライの増加によって国民所得や雇用を拡大しようとし、インフレ局面では反対にマネーサプライの減少によって国民所得や雇用を縮小しようとする政策のことを（　　　）という。
5．一般に、縮小的な金融政策を行うと、国民所得 Y は（　　　）し、それに伴って利子率 r は（　　　）する。
6．投資の利子弾力性は投資関数のグラフが水平に近ければ近いほど（　　　）なり、垂直に近ければ近いほど（　　　）なる。
7．投資の利子弾力性が大きければ大きいほど、（　　　）政策の有効性は増す。
8．貨幣需要の利子弾力性が大きければ大きいほど、（　　　）政策の有効性は増す。

第 9 章 総需要管理政策

計算問題

1. 消費関数を $C(Y) = 0.6(Y-T)+100$、投資関数を $I(r) = 100-100r$、政府支出を $G = 50$、租税を $T = 50$、流動性関数を $L_1(Y) = 0.6Y$、$L_2(r) = 100-75r$、物価を $P = 2$、マネーサプライを $M = 842$ とするとき、拡大的な財政政策として政府支出を $G = 98$ へと増加させた。IS 曲線がシフトする間、利子率が変化しないとすると、国民所得はいくらになるか。また、クラウディングアウト後の国民所得はいくらになるか。

2. 投資関数が $I(r) = 1/r$ であるとき、利子弾力性がすべての利子率 r において 1 に等しくなることを示せ。

第10章 労働市場

10.1 物価 P が一定の場合の労働市場

一経済の財・サービスの総供給 Y_s は、その経済の資本設備を一定とするならば、雇用量 N によって決まる。すなわち、Y_s は N の関数 $Y_s(N)$ となる。$Y_s(N)$ は**生産関数**と呼ばれる。

雇用量が N のとき、追加的なもう一人の雇用が生み出す生産の増分のことを、雇用量 N における**労働の限界生産力**(Marginal Product of Labor)といい、記号 $MPL(N)$ で表す。労働の限界生産力 $MPL(N)$ は一般に N が増加すると減少する。これは**労働の限界生産力逓減の法則**として知られる(図10.1)。

問題44 雇用量 N、生産量 Y_s、労働の限界生産力 MPL の関係を表わした次の表を完成させよ。

N	1	2	3	4	5	6
Y_S	11	20	28	34	39	43
MPL	9					—

問題45 労働の限界生産力逓減の法則が成り立つ理由を考えてみよ。

$(N+1)$ 人目の労働者を雇うことによって、企業は収入を $P \times MPL(N)$ だけ増やすことができるが、労働者1人分の貨幣賃金を W とすると、新たな費用 W

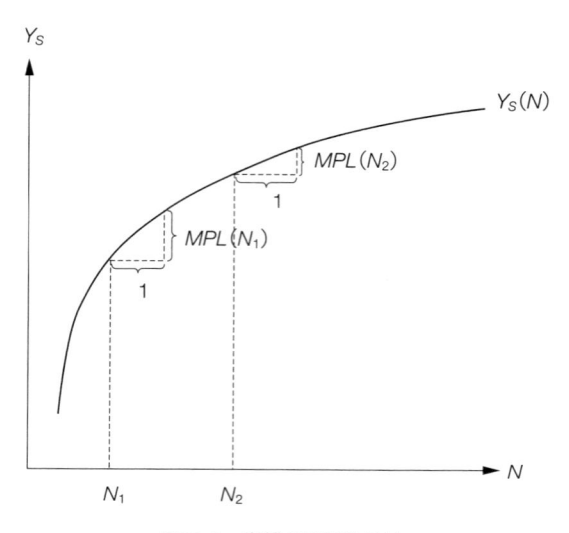

図10.1 労働の限界生産力

が発生するので、このとき企業が増やすことのできる利潤は結局 $P \times MPL(N) - W$ となる。したがって、企業は利潤を最大化するために、不等式

$$P \times MPL(N) - W > 0$$

が成り立つ限り雇用 N を増やし続け、$P \times MPL(N) - W = 0$、つまり等式

$$MPL(N) = \frac{W}{P}$$

が成り立つときに新規雇用を停止する。つまり、企業は、労働の限界生産力と実質賃金 $\frac{W}{P}$ が等しくなるように労働を需要するのである。これは**古典派の第一公準**として知られる。

ケインズは古典派の第一公準を認める。

以上の考察により、実質賃金 $\frac{W}{P}$ を変数とする**労働の需要関数** $N_d\left(\frac{W}{P}\right)$ が次のようにして得られる。等式 $MPL(N) = \frac{W}{P}$ を満たす N を求め、

$$N_d\left(\frac{W}{P}\right) = N$$

と置く。

> **問題46** 問題44において、物価を $P = 2$、貨幣賃金を $W = 12$ とすると、企業は何人雇用するか。

次に実質賃金 $\frac{W}{P}$ のもとで、労働の供給 $N_s\left(\frac{W}{P}\right)$ がどのようにして決まるかを明らかにする。労働に伴う苦痛を、生産する財の数量で表わしたもののことを労働の**不効用**（disutility）といい、記号 V で表わす。不効用 V は、個々の労働者が感じる苦痛を合算したものなので、雇用量 N の関数 $V(N)$ となり、雇用量 N が増加すると増加する。雇用量が N のとき、追加的に雇われた一人の労働者が被る不効用の増分のことを雇用量 N における**労働の限界不効用**（Marginal Disutility of Labor）といい、記号 $MDL(N)$ で表す。労働の限界不効用 $MDL(N)$ は一般に N が増加するにつれて増加する。なぜなら、労働者に雇用機会が与えられたとき、一般に、限界不効用の低い労働者から順に働こうとするからである。これは**労働の限界不効用逓増の法則**として知られる（図10.2）。

限界不効用は、労働者が実質賃金を得るために負担しなければならないコストである。労働者は、企業によって提示された実質賃金 $\frac{W}{P}$（財で測られた賃金または現物支給の賃金）と、自分が労働提供から被る限界不効用（財で測られた苦痛）とを比べて働くべきかどうかを決める。そして労働者は、限界不効用の小さな者から順に、限界不効用が実質賃金を下回る限り働こうとするので、実質賃金 $\frac{W}{P}$ を変数とする**労働の供給関数** $N_s\left(\frac{W}{P}\right)$ の値 N は、労働の限

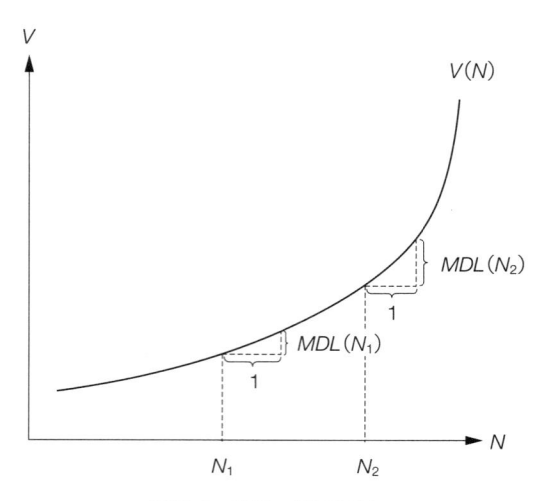

図10.2　労働の限界不効用

界不効用が実質賃金に等しくなる水準に決まる。つまり、等式 $MDL(N) = \dfrac{W}{P}$ を満たす N を求め、

$$N_s\left(\frac{W}{P}\right) = N$$

と置いたものとなる。これは**古典派の第二公準**として知られる。

> ケインズは古典派の第二公準を認めない。

　古典派の労働市場においては、名目賃金 W の伸縮的な調整により、雇用量 N は労働の需要と供給が一致する完全雇用水準 N^f に常に維持される。完全雇用における実質賃金を $\left(\dfrac{W}{P}\right)^f$ で表す（図10.3）。

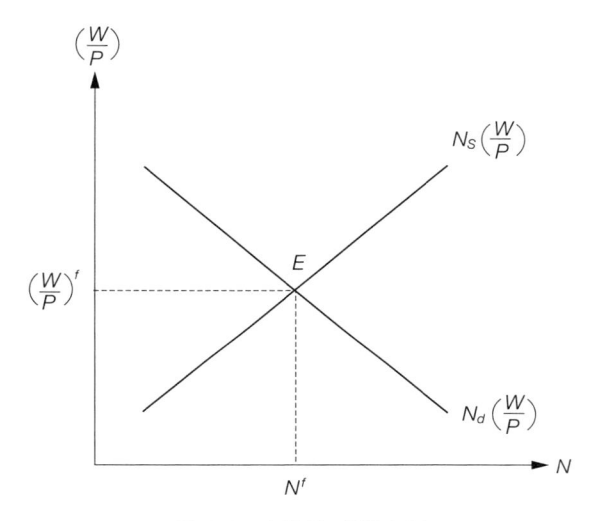

図10.3　古典派の労働市場

10.2　有効需要の原理

雇用が N のときの総需要を $Y_d(N)$、総供給を $Y_s(N)$ とする。

■**古典派のストーリー**

古典派はセイの法則を受け入れるので、雇用量 N を投じて産出された生産物はすべて余すところなく消費されると考える。つまり、総需要 $Y_d(N)$ と総供給 $Y_s(N)$ はつねに一致すると考えるのである。したがって、古典派の考えによれば、任意の総需要（図10.4中の Y_d^e, $Y_d^{e'}$ など）が有効需要になり得る。

仮に、雇用量 N が完全雇用以下の水準 $N < N^f$ だったとすると、労働の限界生産物が実質賃金を上回っている $MPL(N) > \left(\dfrac{W}{P}\right)^f$ ので、企業は雇用 N を N^f まで増加させようとする。以上のことから、どのような雇用状態もじきに障壁なく完全雇用水準に移行するという、古典派に典型的な主張は、セイの法則の帰結に他ならないということが分かる（図10.4）。

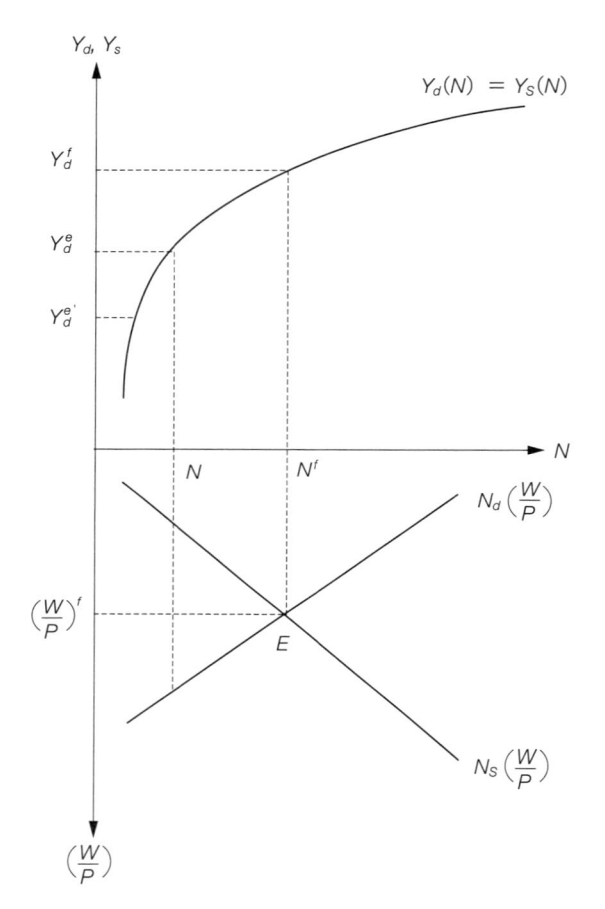

図10.4 古典派による労働市場の均衡

■ケインズ派のストーリー

> ケインズは名目賃金 W が下方硬直的だと仮定した。

ただし、いまの段階では物価 P が一定だと仮定されているので、ケインズ

のいう名目賃金の下方硬直性は実質賃金の下方硬直性と同じになる。ケインズ派の場合、総需要 $Y_d(N)$ と総供給 $Y_s(N)$ は異なった曲線となり、それらはただ一つの交点を持つ。その交点 E の高さは有効需要 Y_d^e を表す。有効需要が Y_d^e であるときの雇用量を N^e で表すことにする。

| **問題47** ケインズはなぜ総需要 $Y_d(N)$ と総供給 $Y_s(N)$ が一般に一致しないと考えたのか。

企業が雇用量 N^e を需要するということは、古典派の第一公準により、等式

$$MPL(N^e) = \left(\frac{W}{P}\right)^f$$

が成り立つことを意味する。

はじめに $N^e \leqq N^f$ となることを示す。ケインズが古典派の第二公準を認めないことは前に述べたが、労働の限界不効用が実質賃金を上回ることはできないので、不等式

$$MDL(N^e) \leqq \left(\frac{W}{P}\right)^f = MDL(N^f)$$

が成り立つ。すると、限界不効用の逓増性から、求める不等式 $N^e \leqq N^f$ が出てくる。これは有効需要に対応する雇用水準が、つねに完全雇用水準以下であることを示している。

さて、雇用量 N が $N^e \leqq N \leqq N^f$ を満たすならば、不等式

$$MDL(N) \leqq \left(\frac{W}{P}\right)^f$$

が成り立つので、雇用量がそのような N であれば労働者は働きたいと感じる。しかし、有効需要が十分に大きくない場合には $N^e < N^f$ となるので、労働市場において働きたいけれども働けない労働者が出現する。すなわち、**非自発的失業**が $(N^f - N^e)$ だけ存在することになる（図10.5）。

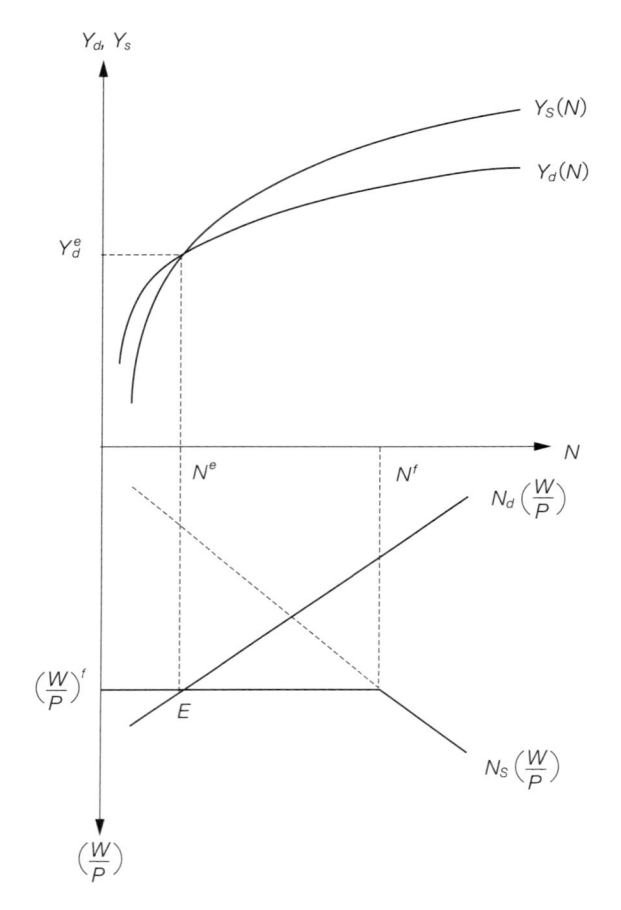

図10.5　ケインズ派による労働市場の均衡

　有効需要が雇用量、したがって、それの産出する総供給を決定するという考えのことを**有効需要の原理**という。

■練習問題

穴埋め問題

1. 雇用量が N のとき、追加的なもう一人の雇用が生み出す生産の増分のことを雇用量 N における（　　　）という。
2. 労働の限界生産力 $MPL(N)$ が N の増加とともに減少するという法則のことを

（　　）という。

3．雇用量が N のとき、追加的に雇われた一人の労働者が被る不効用の増分のことを雇用量 N における（　　）という。

4．労働の限界不効用 $MDL(N)$ が N の増加とともに増加するという法則のことを（　　）という。

5．労働の限界生産力と実質賃金 $\frac{W}{P}$ が等しくなるように企業は労働を需要するという主張のことを（　　）という。

6．実質賃金 $\frac{W}{P}$ のもとでの労働の供給 $N_s\left(\frac{W}{P}\right)$ が、労働の限界不効用と実質賃金の一致する水準に決まるという主張のことを（　　）という。

7．ケインズは古典派の（　　）公準は認めるが、（　　）公準は認めない。

8．働きたいけれども働けないという意味での失業のことを（　　）という。

9．有効需要が雇用量、したがって、それの産出する総供給を決定するという考えのことを（　　）という。

計算問題

1．雇用量 N、生産量 Y_s、労働の限界生産力 MPL の関係が下の表のように与えられている。名目賃金が $W=12$（一定）のとき、物価が $P=4$ から $P=2$ に下落したとすると、企業は雇用量をどのように変化させるか。

N	1	2	3	4	5	6
Y_s	12	22	29	35	39	42
MPL	10	7	6	4	3	—

2．雇用量 N、不効用 V、労働の限界不効用 MDL の関係が下の表のように与えられている。名目賃金が $W=12$（一定）のとき、物価が $P=4$ から $P=2$ に下落したとすると、労働者は労働供給量をどのように変化させるか。

N	1	2	3	4	5	6
V	2	5	10	16	23	32
MDL	3	5	6	7	9	—

第11章 AD-AS 分析

11.1 総供給曲線 AS

物価 P と総供給 Y の関係について考えてみよう。物価 P が与えられると、その物価のもとでの雇用量 N が決まる。そして雇用量 N が決まると、その産出量である総供給 Y が決まる。このことから、物価 P と総供給 Y の関係を表す曲線が Y–P 座標平面上で得られることが分かる。この曲線のことを**総供給曲線 AS** という。

11.2 古典派の総供給曲線（AS 曲線）

先に述べたように、古典派の労働市場においては、物価 P がどのような値であっても、名目賃金 W の伸縮的な変化によってつねに完全雇用 N^f が達成される。したがって、完全雇用が産出する総供給を Y^f とすると（図11.1）、

> 古典派の総供給曲線は Y 軸上の点 $(Y^f, 0)$ を通り、Y 軸に垂直な直線となる。

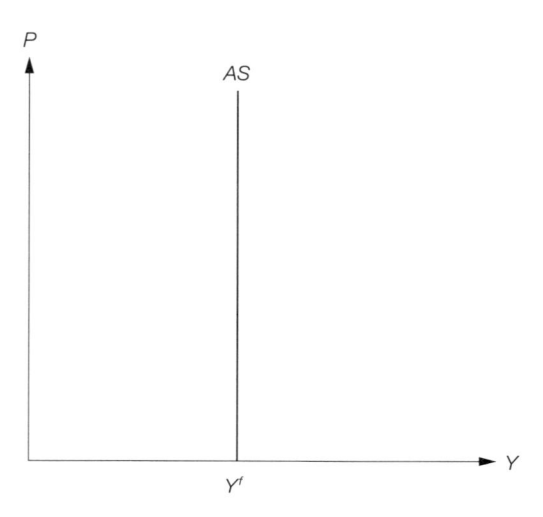

図11.1　古典派の総供給曲線

11.3　ケインズの総供給曲線（AS 曲線）

　一方、ケインズの労働市場（図11.2）においては名目賃金 W_1 が下方硬直的なので、物価 P が上昇 $P_1 \rightarrow P_2$ しない限り実質賃金 $\dfrac{W_1}{P_1}$ は下がらない。物価が上昇すると実質賃金が下落 $\dfrac{W_1}{P_1} \rightarrow \dfrac{W_1}{P_2}$ するので雇用量が増加 $N_1 \rightarrow N^f$ し、総供給も増加する。しかし、いったん実質賃金が完全雇用水準 $\left(\dfrac{W}{P}\right)^f$ に達すると、それ以上物価が上昇しても雇用量は増えず、総供給は増加しない。なぜなら、それ以上の物価上昇は名目賃金の同率の上昇を導くだけなので、実質賃金が完全雇用水準にとどまるからだ。したがって、いったん完全雇用が達成されると、ケインズの総供給曲線は古典派のそれと一致するようになる（図11.3）。

> ケインズの総供給曲線は、国民所得 Y が完全雇用水準 Y^f に達するまでは右上がりで、$Y = Y^f$ となったところで Y 軸に垂直な直線となる。

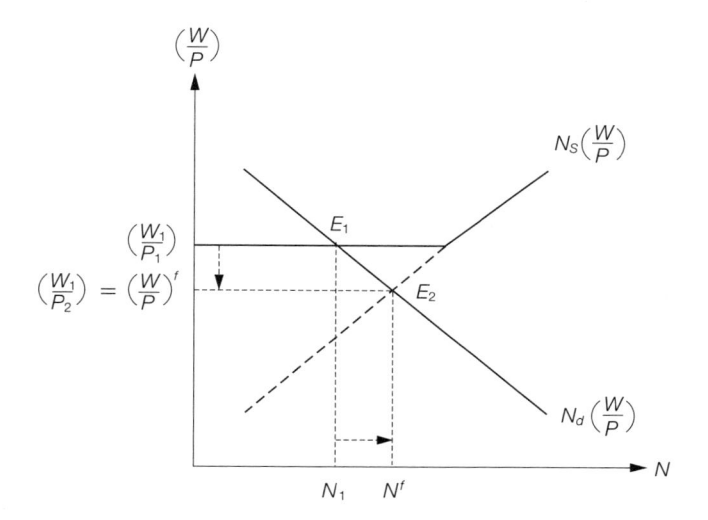

図11.2　物価変化とケインズの労働市場

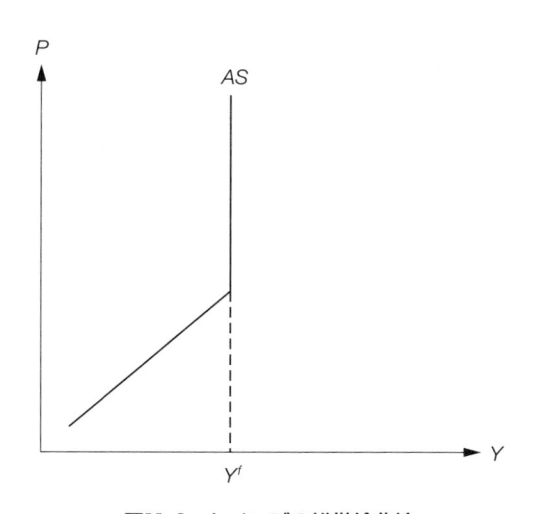

図11.3　ケインズの総供給曲線

11.4　総需要曲線（AD曲線）

　与えられた物価 P における総需要は、その物価水準での IS-LM 分析によっ

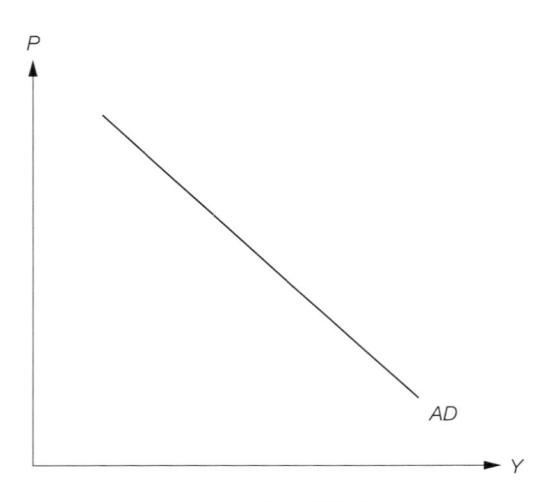

図11.4 総需要曲線

て決定される国民所得 Y に等しい。したがって、総供給曲線の場合と同様に、物価 P と総需要 Y の関係を表す曲線が Y–P 座標平面上で得られる。この曲線のことを**総需要曲線 AD** という（図11.4）。

前に述べたように、LM 曲線は、物価が上昇すると左シフトし、物価が下落すると右シフトする。したがって、IS 曲線と LM 曲線の交点の Y 座標に他ならない総需要は、P が増加すると減少し、P が減少すると増加する。つまり、

> 総需要曲線 AD は一般に右下がりとなる。

問題48 消費関数を $C(Y) = 0.8(Y-T)+66$、投資関数を $I(r) = 100-100r$、政府支出を $G = 40$、租税を $T = 20$、流動性選好関数を $L_1(Y) = 0.8Y$、$L_2(r) = 50-50r$、マネーサプライを $M = 180$ とするとき、AD 曲線を求めよ。

11.5 総需要管理政策と AD 曲線のシフト

財政政策や金融政策を実施するとき AD 曲線が左右どちらにシフトするか

を解明するには、物価 P を一定としながらそれらの政策を実施するとき、国民所得 Y が増加するか、または、減少するかを調べればよい。そのとき、Y が増加するということは AD 曲線が右シフトすることを意味し、反対に Y が減少するということは AD 曲線が左シフトすることを意味する。

すでに述べたように、物価 P が一定のとき、拡大的な財政政策（G 増、T 減）や金融政策（M 増）を実施すると国民所得 Y は増加し、逆に縮小的な財政政策（G 減、T 増）や金融政策（M 減）を実施すると国民所得 Y は減少する。以上のことから、AD 曲線のシフトについて次のことが明らかになる。

> **拡大的な財政政策（G 増、T 減）や金融政策（M 増）を実施すると、AD 曲線は右シフトする。**

> **縮小的な財政政策（G 減、T 増）や金融政策（M 減）を実施すると、AD 曲線は左シフトする。**

問題49 問題48でマネーサプライを $M=180$ から $M=360$ に増加させると AD 曲線はどう変わるか。

11.6　AD-AS 分析

AS 曲線は労働市場を均衡させる国民所得 Y と物価 P の組からなり、AD 曲線は財・サービス市場と貨幣市場を均衡させる国民所得 Y と物価 P の組からなるので、それら2曲線の交点 (Y, P) は、労働市場、財・サービス市場、貨幣市場のすべてを同時に均衡させる国民所得 Y と物価 P の組となる。AS 曲線と AD 曲線を用いて、労働市場、財・サービス市場、貨幣市場の同時均衡の様子を調べることを AD-AS 分析という。

図11.5から明らかなように、古典派の場合には、拡大的な財政・金融政策を

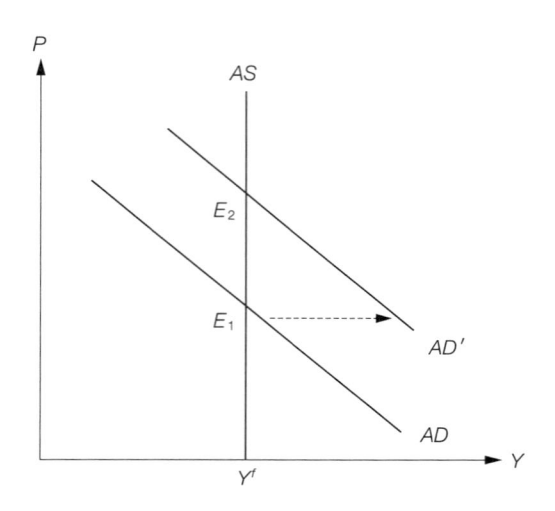

図11.5　古典派のAD-AS分析

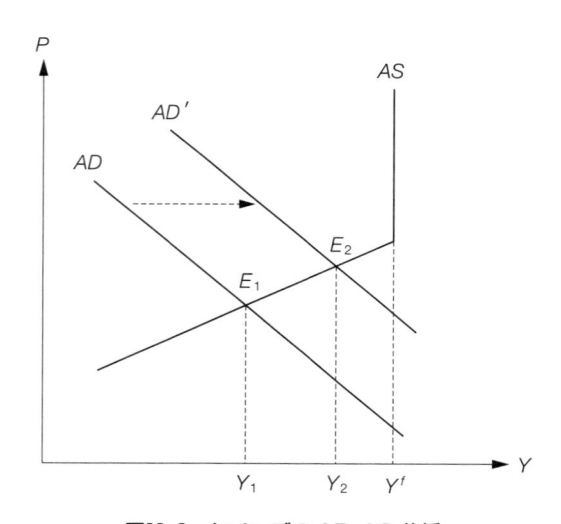

図11.6　ケインズのAD-AS分析

実施しても、物価が上昇するだけで国民所得は変化しない。他方、ケインズの場合には、拡大的な財政・金融政策は非自発的失業の存在する状況において有効となる（図11.6）。

　以上をまとめると次のようになる。

> 古典派は、拡大的な財政・金融政策を実施しても所得 Y は変化せず、物価 P が上昇するだけだと主張する。

> ケインズは、非自発的失業が存在する状況で拡大的な財政・金融政策を実施すると、所得 Y が増加し、物価 P が上昇すると主張する。

■練習問題

穴埋め問題

1. 物価 P と総供給 Y の関係を表す、Y–P 座標平面上の曲線のことを（　　　）という。
2. 古典派の AS 曲線は（　　　）軸に垂直な直線となる。
3. ケインズの AS 曲線は、完全雇用国民所得 Y^f に至るまでは右（　　　）で、完全雇用国民所得に達した後は古典派の（　　　）曲線と一致するようになる。
4. 物価 P と、その物価での IS-LM 分析によって求められる国民所得 Y の関係を表す、Y–P 座標平面上の曲線のことを（　　　）という。
5. 総需要曲線 AD は一般に右（　　　）となる。
6. 拡大的な財政政策や金融政策を実施すると、AD 曲線は（　　　）シフトし、縮小的な財政政策や金融政策を実施するとそれは（　　　）シフトする。
7. 古典派の AD-AS 分析によると、拡大的な財政・金融政策の実施は（　　　）を変化させず、（　　　）が上昇するだけである。
8. ケインズ派の AD-AS 分析によると、（　　　）が存在する状況で拡大的な財政・金融政策を実施すると、（　　　）が増加し、物価 P が上昇する。

計算問題

1. 消費関数を $C(Y) = 0.8(Y-T) + 66$、投資関数を $I(r) = 100 - 100r$、政府支出を $G = 40$、租税を $T = 20$、流動性選好関数を $L_1(Y) = 0.8Y$、$L_2(r) = 50 - 50r$、マネーサプライを $M = 180$、完全雇用国民所得を $Y^f = 150$ とするとき、古典派の AS 曲線を用いて物価 P を求めよ。拡大的な財政政策として政府支出を $G = 130$ に増加させると、物価はどのように変化するか。

2. 消費関数を $C(Y) = 0.8(Y-T)+66$, 投資関数を $I(r) = 100-100r$, 政府支出を $G = 22$, 租税を $T = 20$, 流動性選好関数を $L_1(Y) = 0.8Y$, $L_2(r) = 50-50r$, マネーサプライを $M = 180$, AS 曲線を

$$Y = \begin{cases} \dfrac{77}{2}P & P \leq 4 \\ Y^f & P > 4 \end{cases}$$

とし、完全雇用国民所得を $Y^f = 154$ とするとき、国民所得 Y を求めよ。また、完全雇用実現のためには、さらにいくらの政府支出増加が必要となるかを計算せよ。

第12章 国際マクロ経済学

12.1 国際収支統計

国際収支統計とは、一国の居住者と非居住者との間で一定期間に行われた(1)財貨・サービス・所得の取引(2)対外資産・負債の増減に関する取引(3)移転取引を、国際通貨基金（IMF）の「国際収支マニュアル 第5版」にしたがって体系的に記録したものである。わが国では、「外国為替及び外国貿易法」の規定に基づき、日本銀行が財務大臣から委任を受けて国際収支データを集計・推計し、財務省と共同で定期的に結果を公表している。

1. 経常収支
    (a) 貿易・サービス収支
        ⅰ. **貿易収支**：財貨の国際間取引（輸出入）をFOB（Free On Board）価格（いわゆる「本船甲板渡し価格」のことで、商品を本船に積み込むまでの運賃と保険料が含まれている価格のこと）で計上する項目。一般商品、加工用財貨、財貨の修理、輸送手段の港湾調達財貨、および、非貨幣用金を含む。
            A. 輸出
            B. 輸入
        ⅱ. **サービス収支**：居住者と非居住者が互いのために行った輸送（旅客の運搬、財貨の移動、輸送手段のチャーター）、旅行者が自らの使用のために旅行先の経済圏から取得した財貨・サービス、および、その他サービス（通信、建設、保険、金融、情報、特許使用料など）を計上する項

目。
- (b) **所得収支**：居住者と非居住者の間で行われた、雇用者報酬および投資収益（利子・配当金）の受取・支払を計上する項目。
- (c) **経常移転収支**：資本移転（相手国の資本形成への貢献）以外の全ての移転（寄付などのような経済的価値の一方的な受払）を計上する項目。個人または政府間の無償資金援助、国際機関への拠出金、居住者となった外国人労働者の本国への送金、生命保険以外の保険金の受払を含む。

2. **資本収支**：居住者と非居住者の間で行われた、資産または負債の受払を計上する項目。
- (a) **投資収支**：居住者と非居住者の間で行われた、金融資産または負債の取引を計上する項目で、直接投資（直接投資とは主に出資比率が10％以上の投資のことで、この項目には直接投資家と直接投資企業の間で行われた株式取得、再投資収益、資金貸借が含まれる）、証券投資（株式やその他の負債性証券）、金融派生商品（オプション取引、先物および先渡取引、ワラント、通貨スワップの元本交換差額、金利スワップの取引に係る利子等）、その他投資（現預金、貸付・借入、貿易信用など）を含む。
  - i．対外直接投資
  - ii．対内直接投資
  - iii．対外証券投資
    - A．株式
    - B．中長期債
    - C．短期債
  - iv．対内証券投資
    - A．株式
    - B．中長期債
    - C．短期債
  - v．金融派生商品
  - vi．その他投資
- (b) **その他資本収支**：居住者と非居住者の間で行われた固定資産の取引、および、非生産非金融資産の取引を計上する項目。

ⅰ．**資本移転**：固定資産の取得または処分にかかわる資金の移転、固定資産の所有権の移転、債権者による債務免除を計上する項目で、橋・高速道路等建設資金援助などのような、資本形成のための無償資金援助や、対価のない固定資産の所有権移転などを含む。

ⅱ．**その他資産**：非生産非金融資産を計上する項目で、特許権、著作権、商標権、譲渡可能な契約、大使館あるいは国際機関による土地の取得・処分を含む。

3．**外貨準備増減**：通貨当局（政府や日本銀行）の管理下にある直ちに利用可能な対外資産の増減を計上する項目で、貨幣用金、SDR、IMFリザーブポジションを含む。増加をマイナスの符号で、減少をプラスの符号で表すことに注意。

4．**誤差脱漏**：統計上の不突合。

12.2　平成21年8月10日財務省報道発表（参考資料）

平成21年6月中　国際収支状況（速報）の概要

1．**経常収支**：1兆1,525億円の黒字（対前年同月比6,809億円［144.4％］黒字幅拡大）。「貿易収支」や「所得収支」の黒字幅が拡大したことから、経常収支の黒字幅は拡大した。（対前年同月比で16ヶ月ぶりの拡大）

(a)　**貿易・サービス収支**：4,859億円の黒字（対前年同月比4,841億円［26,003.8％］黒字幅拡大）。「貿易収支」の黒字幅が拡大し、「サービス収支」の赤字幅が縮小したことから、貿易・サービス収支の黒字幅は拡大した。（対前年同月比で13ヶ月ぶりの拡大）

ⅰ．**貿易収支**：6,022億円の黒字（対前年同月比3,532億円［141.8％］黒字幅拡大）。輸入の減少幅が輸出の減少幅を上回ったことから、貿易収支の黒字幅は拡大した。（対前年同月比で20ヶ月ぶりの増加）

Ａ．**輸出**：4兆3,077億円（対前年同月比▲2兆5,331億円［▲37.0％］減少）。対前年同月比で9ヶ月連続の減少。

Ｂ．**輸入**：3兆7,054億円（対前年同月比▲2兆8,863億円［▲43.8％］減少）。対前年同月比で8ヶ月連続の減少。（昭和61年1月以降で最大

の減少額）
- ⅱ．**サービス収支**：▲1,163億円の赤字（対前年同月比1,308億円［▲52.9％］赤字幅縮小）。「旅行」の赤字幅が縮小したこと及び「その他サービス」が黒字に転じたことから、サービス収支の赤字幅は縮小した。
- ⅲ．**所得収支**：7,301億円の黒字（対前年同月比1,584億円［27.7％］黒字幅拡大）。「直接投資収益」及び「証券投資収益」において、支払の減少幅が受取の減少幅を上回ったことから、所得収支の黒字幅は拡大した。（対前年同月比で9ヶ月ぶりに黒字幅拡大）

2．**資本収支**：▲1兆4,364億円の流出超（前月：▲6,288億円の流出超）

(a) **投資収支・資産**（居住者による投資）
- ⅰ．**対外直接投資**：▲6,058億円の流出超（前月：▲2,159億円の流出超）。本邦企業による海外企業の増資引受け等がみられたことから、引き続き流出超となった。
- ⅱ．**対外株式投資**（除く証券貸借取引）：▲1,284億円の流出超（前月：▲1,912億円の流出超）。投信や年金資金を中心とした買いが継続したことから、10ヶ月連続の流出（取得）超となった。
- ⅲ．**対外中長期債投資**（除く証券貸借取引）：▲2兆4,037億円の流出超（前月：▲1兆7,327億円の流出超）。銀行や投信において買い越しとなったこと等から、流出（取得）超幅が拡大した。（6ヶ月連続の流出（取得）超）

(b) **投資収支・負債**（非居住者からの投資）
- ⅰ．**対内直接投資**：2,047億円の流入超（前月：850億円の流入超）。海外親会社等による本邦企業への増資・貸付等がみられたことから、引き続き流入超となった。
- ⅱ．**対内株式投資**（除く証券貸借取引）：2,425億円の流入超（前月：5,676億円の流入超）。金融関連株を中心に買い越しとなったことから、3ヶ月連続の流入（取得）超となった。
- ⅲ．**対内中長期債投資**（除く証券貸借取引）：▲6,012億円の流出超（前月：▲1兆5,141億円の流出超）。日本国債が売り越しとなったこと等から、10ヶ月連続の流出（処分）超となった。

第12章　国際マクロ経済学

（注）上記１における過去の計数との比較は、現行統計で比較可能な昭和60年
１月（増減額は昭和61年１月）以降の数値による。

[参考１]　平成21年６月分貿易統計（財務省関税局）
　　　　　（通関ベース：輸出は確報値、輸入は９桁ベースの速報値）
A．輸出：４兆5,995億円（対前年同月比▲２兆5,526億円［▲35.7％］減少）
　（1）主要地域別では、対アジア（同▲１兆791億円［▲30.1％］）、対米国（同▲4,616億円［▲37.6％］）、対EU（同▲3,952億円［▲41.4％］）等で減少。
　（2）商品別では、自動車（同▲6,336億円［▲50.8％］）、鉄鋼（同▲1,479億円［▲38.6％］）、鉱物性燃料（同▲1,020億円［▲53.3％］）等が減少。
B．輸入：４兆920億円（対前年同月比▲２兆9,560億円［▲41.9％］減少）
　（1）主要地域別では、対中東（同▲9,246億円［▲60.4％］）、対アジア（同▲8,595億円［▲31.6％］）、対米国（同▲2,976億円［▲37.8％］）等で減少。
　（2）商品別では、原粗油（同▲9,588億円［▲64.0％］）、石炭（同▲1,941億円［▲58.4％］）、非鉄金属（同▲1,929億円［▲70.8％］）等が減少。

[参考２]　原油価格（石油連盟）
１．ドルベース：59.30米ドル／バレル（対前年同月比▲51.4％）
２．円ベース：35,869円／キロリットル（対前年同月比▲55.5％）

[参考３]
ドル円相場（インターバンク直物相場東京市場中心値の月中平均レート）
　96.52円／米ドル（前年同月：106.90円／米ドル、対前年同月比9.7％の円高）
ユーロ円相場（インターバンク直物相場東京市場17：00現在レートの月中平均レート）
　135.46円／ユーロ（前年同月：166.23円／ユーロ、対前年同月比18.5％の円高）

113

12.3 国際収支の推移 (参考資料)

(単位:千億円)

暦年	経常収支	貿易・サービス収支					所得収支	経常移転
			貿易収支	(輸出)	(輸入)	サービス収支		
1985	120	107	130	416	286	−23	16	−3
1986	142	130	151	346	195	−22	16	−3
1987	122	103	132	325	193	−29	23	−5
1988	101	79	118	334	216	−39	26	−4
1989	87	60	110	374	264	−51	32	−4
1990	65	39	101	407	306	−62	33	−7
1991	92	73	129	415	285	−56	35	−16
1992	142	102	158	421	263	−56	45	−5
1993	147	107	155	392	237	−48	45	−6
1994	133	98	147	393	246	−49	41	−6
1995	104	70	123	403	279	−54	42	−7
1996	72	23	88	436	347	−65	58	−10
1997	117	58	121	495	374	−63	70	−11
1998	155	95	158	489	331	−62	71	−11
1999	131	79	138	458	320	−59	66	−14
2000	129	74	124	495	372	−49	65	−11
2001	107	32	84	466	382	−52	84	−10
2002	141	65	116	495	379	−51	83	−6
2003	158	84	120	519	400	−36	83	−9
2004	186	102	139	583	444	−37	93	−9
2005	183	77	103	626	523	−26	114	−8
2006	198	73	95	716	622	−21	137	−12
2007	248	98	123	797	674	−25	163	−14

表12.1 財務省『国際収支の推移(暦年)』から抜粋

国際収支表では、等式

$$経常収支＋資本収支＋外貨準備増減＋誤差脱漏 = 0$$

が、つねに成り立つ。

第12章　国際マクロ経済学

（単位：千億円）

暦年	経常収支	資本収支	外貨準備増減	誤差脱漏
1985	120	−130	1	10
1986	142	−123	−25	5
1987	122	−62	−55	−5
1988	101	−83	−21	3
1989	87	−75	18	−31
1990	65	−49	14	−30
1991	92	−93	11	−10
1992	142	−129	−1	−12
1993	147	−117	−30	0
1994	133	−90	−26	−18
1995	104	−63	−54	13
1996	72	−33	−39	1
1997	117	−151	−8	42
1998	155	−171	10	6
1999	131	−63	−88	20
2000	129	−94	−53	18
2001	107	−62	−49	5
2002	141	−85	−58	1
2003	158	77	−215	−20
2004	186	17	−173	−31
2005	183	−140	−25	−18
2006	198	−125	−37	−37
2007	248	−225	−43	20

注：上の表中のデータは、単位が億円となっている財務省の元データの1,000億円以下を切り捨て、単位を千億円としたものである。また、資本収支及び外貨準備増減のマイナス（−）は資本の流出（資産の増加、負債の減少）を示す。

表12.2　財務省『国際収支の推移（暦年）』から抜粋

　国際収支統計は簿記と同様、複式計上方式によって記入され、借方には資産の増加、負債の減少、経費の支出が計上され、貸方には負債の増加、資産の減少、収入の受取が計上される。ただし、一般的な損益会計とは異なり、貸方（＋符号）を左に、借方（−符号）を右に記載する。

例：以下の取引を国際収支統計の方式で記帳すると次ページの表のようになる。これから、国際収支表が均衡するのは当然だということが分かるであろう。

1．車を輸出し、100億円受け取った。

2．石油を輸入し、120億円支払った。
3．日本人旅行者が海外旅行でホテル代金等として10億円支払った。
4．外債投資からの利息を20億円受け取った。
5．本邦企業が海外工場建設の資金として200億円送金した。
6．日本政府が600億円規模の円売りドル買い介入を行った。

貸方（＋）		借方（−）	
輸出（貿易収支）	100	現預金（投資収支）	100
現預金（投資収支）	120	輸入（貿易収支）	120
現預金（投資収支）	10	旅行（サービス収支）	10
証券投資（所得収支）	20	現預金（投資収支）	20
現預金（投資収支）	200	直接投資（投資収支）	200
現預金（投資収支）	600	外貨準備（外貨準備増減）	600

12.4 外国為替

外国為替は、通貨の異なる海外との資金決済を現金の移動なしに行う方法である。現金の移動なしに資金決済を行う方法を一般に**為替**というが、その基本的仕組みは次のようである。

1．商品の買い手などが**送金人**となり、**仕向銀行**に代金を払い込む。
2．仕向銀行は**被仕向銀行**に**支払指図**を出す。
3．商品の売り手などが**受取人**となり、被仕向銀行から代金支払を受け取る。

為替による国内の資金決済の方法である**内国為替**の場合、銀行が互いに仕向銀行になったり被仕向銀行になったりするので貸借関係の多くは相殺される。実際、内国為替は、**全銀システム**を通して**集中決済**（相殺されて残った決済尻だけを日銀当預で最終決済）される。しかし、海外には日銀に相当する集中決済機構が存在しないので、外国為替は、邦銀と、邦銀が**コルレス契約**を結ぶ海外の銀行（**コルレス先**）の間で**個別決済**される。

外国為替手段としては
1．為替手形
2．小切手

3．信用状
4．船積書類

などの有価証券が用いられる。これらのうち、代表的な対外支払い手段である**為替手形**について次に説明する。

　為替手形とは、**振出人**が**名宛人**（支払人）に対して、**一定の期日**（満期日）に**一定の金額**（手形金額）を**受取人**または**正当な所持人**（被裏書人）に支払うよう委託する形式の有価証券のことである。支払を第三者に委託するという点で約束手形と異なっている。

　為替手形は次のような性質を持つ。

1．受取人が**裏書人**となって、被裏書人に権利を譲渡することができる。
2．手形の支払人は、引き受けの署名により手形金額の引き受け義務を負う。
3．債権者が債務者を支払人として振り出すことにより、取立て手段として使える（逆為替）。具体的には、輸出者が輸入者から貨物代金を取り立てる場合などに使う。
4．信用手段として使える。輸出者が為替手形（荷為替手形）を振り出し、取引銀行に買い取ってもらうことにより、取立代金の入金前に信用供与により資金を入手することができる。船積書類が付帯されている場合には信用供与を得やすい。
5．送金手段として使える。

12.5　外国為替市場

　異種通貨間の取引である外国為替取引が可能となるためには、まず、異種通貨間の交換比率＝**為替レート**が決定されなければならない。

送金（並為替）の具体例

　為替レートを1ドル＝100円と仮定する。日本商事はアメリカ社に100万ドル送金したい。日本商事は、取引銀行の日の丸銀行から1億円で100万ドル購入し、アメリカ社に送金する。アメリカ社はNY銀行に預金口座を持ち、日の丸銀行はコルレス先のNY銀行に**為替決済勘定**を持つ。

1．日本商事は預金口座を持っている日の丸銀行に対し、100万ドル送金の依頼をする。
2．日の丸銀行は日本商事の口座から1億円引き出し、コルレス先のNY銀行に対し、アメリカ社に100万ドル支払うように電信指図する。
3．NY銀行は、日の丸銀行の為替決済勘定から100万ドル引き落とし、アメリカ社の預金口座に100万ドル振り込む。

このようにすると、現金を直接輸送することなく、口座振替だけで決済が可能になる。

取立（逆為替）の具体例

為替レートを1ドル＝100円と仮定する。日本商事はアメリカ社に100万ドルの商品を輸出した。
1．日本商事はアメリカ社を支払人とし、日の丸銀行を受取人とする、額面100万ドルの為替手形を振り出して、船積書類といっしょに日の丸銀行に持ち込む。
2．日の丸銀行は立替払いとして、1億円を日本商事の預金口座に振り込む。
3．日の丸銀行はNY銀行に為替手形と船積書類を郵送し、アメリカ社からの代金取立を依頼する。
4．NY銀行はアメリカ社に為替手形を提示し、アメリカ社の預金口座から100万ドル引き出して、日の丸銀行の為替決済勘定に振り込む。

コルレス先では、入出金がほぼ相殺されるが、決済勘定残高は幾分増減する。この過不足調整は外国為替市場での外貨取引によってなされる。

外国為替市場は大きく次のように分けられる。
1．**インターバンク市場**：日銀、市中銀行、一部証券会社、為替ブローカー、電子ブローキングなど、金融機関同士が取引する市場。
2．**対顧客市場**：事業法人、機関投資家、ヘッジファンド、FX（外国為替証拠金取引）取扱会社などが銀行と取引する市場。

外国為替市場は、参加者が電話や電子機器でつながれた「概念としての市場」なので、証券取引所のような公的組織を持つわけではない。決済勘定残

高の過不足調整などはインターバンク市場において行われ、このときの銀行間相場は対顧客相場の基準となる。貿易業者などはこれを与件として様々な取引をする。そして、それによって生じた需給は再び銀行間相場に反映される。

12.6　固定為替相場制と変動為替相場制

　固定相場制とは、為替レートを固定、もしくは、その変動幅をごく小幅に限定するという管理相場制度のことで、**ペッグ制**とも呼ばれる。

　連合国44カ国は、1944年7月、第二次世界大戦後の国際通貨体制に関する会議をニューハンプシャー州ブレトン・ウッズで開催し、国際通貨基金（IMF）協定を締結するなど、国際通貨体制の再構築や安定した為替相場に基づく自由貿易の発展に必要な取り決めを行った（ブレトン・ウッズ体制）。

　ブレトン・ウッズ体制は、金1オンス＝35USドルと定められた米ドルに対して各国通貨の交換比率を固定するという、いわば金・ドル本位制であった。IMF加盟国は、IMFがあらかじめ設定した平価の上下1％（主要国は0.75％）以内に自国の相場を維持することが義務付けられていたので、相場を維持するために、しばしば外貨準備を用いた介入を行わなければならなかった。しかし、基礎的不均衡が原因で相場維持が困難となったときには、IMFとの協議の上で平価調整を行い、自国通貨を切り下げたり、切り上げたりすることが許された。日本では、1949年に、1ドル＝360円という単一為替レートが設定され、それが1958年にIMF平価として登録された。

　1971年8月15日に、いわゆるニクソン・ショックが起こり、金とドルの交換が停止されると、その混乱から12月に、日本の通貨は1ドル＝308円へと16.88％も切り上げられた（スミソニアン体制への移行）。その後もドル不安が沈静化せず、1973年に固定相場制度は崩壊し、為替相場制度は**変動相場制**（キングストン体制）へと移行した。

　変動相場制とは、外国為替市場における外貨の需給関係に為替レートを委ねる制度のことである。変動相場制は**フロート制**とも呼ばれる。

　変動相場制の下では、為替レートは、貿易収支や資本収支が均衡するように

変動する。
1. 貿易収支が黒字ならば、外国為替の需要が減少し、為替レートが下落（円高）するので輸出減・輸入増となる。その結果、貿易収支は悪化（赤字化）する。
2. 貿易収支が赤字ならば、外国為替の需要が増加し、為替レートが上昇（円安）するので輸出増・輸入減となる。その結果、貿易収支は改善（黒字化）する。

また、国内外金利差などによって資本収支が変化する場合にも、為替レートは変動する。
1. 日本の資本収支が赤字になると、外国為替の需要が増加するので、為替レートが上昇（円安）する。
2. 日本の資本収支が黒字になると、外国為替の需要が減少するので、為替レートが下落（円高）する。

したがって、自国利子率が外国利子率よりも低い場合には資本が流出するので為替レートが上昇（円安）し、反対に、自国利子率が外国利子率よりも高い場合には資本が流入するので為替レートが下落（円高）する。

12.7 為替レートの決定理論

為替レートの決定理論としては、グスタフ・カッセル（Karl Gustav Cassel）の**購買力平価説**がもっとも広く知られている。それは、簡単にいうと、為替レートが通貨の購買力（各国の物価比率）によって決まるというものである。例えば、ハンバーガー1個が日本では100円、同じハンバーガーがアメリカでは1ドルで買えたとすると、100円の購買力と1ドルの購買力が等しいことになるので、為替レートは1ドル＝100円が妥当となる。また、そのハンバーガーが日本で1個200円に値上がりしたとすると、200円の購買力と1ドルの購買力が等しいことになるので、為替レートは1ドル＝200円（円安）が妥当になる。一般に、自国の物価水準をP、外国（通貨はドルとする）の物価水準をP^*、邦貨建て為替レートをe（1ドル＝e円）とすると、等式

$$eP^* = P$$

が成り立つ。この式から、自国が相対的にインフレになると円安となり、外国が相対的にインフレになると円高となることが分かる。

> **問題50** 自国物価上昇率 $\frac{\Delta P}{P}$ が外国物価上昇率 $\frac{\Delta P^*}{P^*}$ よりも高い（低い）とき、為替レートが上昇（下落）することを示せ。ヒント：$(e+\Delta e)(P^*+\Delta P^*) = P+\Delta P$ であることを用いて、自国物価上昇率＝外国物価上昇率＋為替レート上昇率、となることを導け。

12.8 貿易収支の決定理論

アブソープション・アプローチ

国民所得を Y、消費を C、投資を I、政府支出を G、輸出を EX、輸入を IM とすると、三面等価の原則により

$$Y = C+I+G+EX-IM \tag{12.1}$$

が成り立つ。国内総支出 $A = C+I+G$ のことを**アブソープション**と呼ぶ。上の式を変形すると等式

$$EX-IM = Y-A$$

が得られる。この式は、貿易収支 $EX-IM$ が、国民所得 Y とアブソープション A の差に等しいことを示している。したがって、

> アブソープションが小さければ、貿易収支は黒字となり、アブソープションが大きければ、貿易収支は赤字となる。

IS バランス・アプローチ

貯蓄を S、租税を T とすると、等式

$$Y - T = C + S$$

が成り立ち、これと式（12.1）を合わせると等式

$$(EX - IM) = (S - I) + (T - G)$$

が得られる。この式は、

> 貿易収支（$EX-IM$）が、民間収支（$S-I$）と財政収支（$T-G$）の和に等しい

ことを示している。

問題51 民間収支が大幅に黒字で財政収支が小幅な赤字にとどまっている国の貿易収支はどうなるか。投資が大きく民間収支が大幅な赤字で、財政収支も大幅な赤字である国の貿易収支はどうなるか。

弾力性アプローチ

為替レートが e 円/ドルのとき、$EX(e)$ 円分の財を輸出し、$EX^*(e)$ ドル分の財を輸入すると、自国の貿易収支は

$$Z = EX(e) - eEX^*(e) \tag{12.2}$$

となる。実際には、輸入は国民所得にも依存するが、ここでは国民所得は変化しないものと仮定する。

e は、自国輸入財 1 単位（1 ドル分）あたりの邦貨建て価格でもあるので、価格 e における自国の**輸入需要価格弾力性**は

第12章 国際マクロ経済学

$$\eta_D = -\frac{\frac{\Delta EX^*(e)}{EX^*(e)}}{\frac{\Delta e}{e}} \quad (\eta \text{ はエータと読む})$$

で与えられる。また、e^{-1} は外国輸入財 1 単位（1 円分）の外貨建価格でもあるので、価格 e^{-1} における海外の輸入需要価格弾力性は

$$\eta_F = -\frac{\frac{\Delta EX(e)}{EX(e)}}{\frac{\Delta e^{-1}}{e^{-1}}}$$

で与えられる。

問題52 $ee^{-1} = 1$ であることから $\frac{\Delta e^{-1}}{e^{-1}} = -\frac{\Delta e}{e}$ を導け。

上の問題を用いると

$$\eta_F = \frac{\frac{\Delta EX(e)}{EX(e)}}{\frac{\Delta e}{e}}$$

が得られる。等式 (12.2) において、e が $e+\Delta e$ へと変化するときに、$EX(e)$ が $EX(e)+\Delta EX$ へと変化して、$EX^*(e)$ が $EX^*(e)+\Delta EX^*$ へと変化するものとすると、計算の途中で高次の項を省略することにより、等式

$$\begin{aligned} Z+\Delta Z &= EX(e)+\Delta EX -(e+\Delta e)\{EX^*(e)+\Delta EX^*\} \\ &= EX(e)+\Delta EX - e\Delta EX^* - eEX^*(e) - EX^*(e)\Delta e \end{aligned}$$

が得られる。その結果、等式

$$\Delta Z = \Delta EX - e\Delta EX^* - EX^*(e)\Delta e$$

が成り立つ。さらに、最後の式の両辺を Δe で割り、貿易収支が当初均衡

$EX(e)-eEX^*(e)=0$ していたものとすると、等式

$$\frac{\Delta Z}{\Delta e} = \left\{\frac{1}{EX^*(e)}\frac{\Delta EX}{\Delta e} - \frac{e}{EX^*(e)}\frac{\Delta EX^*}{\Delta e} - 1\right\}EX^*(e)$$

$$= \left\{\frac{e}{EX(e)}\frac{\Delta EX}{\Delta e} - \frac{e}{EX^*(e)}\frac{\Delta EX^*}{\Delta e} - 1\right\}EX^*(e)$$

$$= (\eta_F + \eta_D - 1)EX^*(e)$$

が得られる。

不等式

$$\eta_F + \eta_D > 1$$

は**マーシャル・ラーナー条件**(Marshall-Lerner Condition)として知られる。これは、自国と海外の輸入価格弾力性が十分に大きいということを示す条件で、長期的には満たされるが、輸出入契約が通常為替レート変動前になされる関係で、短期的には満たされないと考えられている。貿易収支が赤字 $Z=EX-IM<0$ の場合には邦貨建て為替レート e が上昇するので、貿易収支は改善すると前に述べたが、マーシャル・ラーナー条件が満たされない短期においては $\frac{\Delta Z}{\Delta e}<0$ となるので、貿易収支はむしろ悪化する。この現象は **J カーブ効果**として知られる(図12.1)。

問題53 日本の貿易黒字が相手国に非難されていたとき、為替の円高が進んだにもかかわらず、一時的にいっそう貿易収支が黒字化した。マーシャル・ラーナー条件を用いてこのことを説明せよ。

12.9 完全雇用小国の国際収支決定理論

自国の経済が海外の物価 P^* や利子率 r^* に影響を与えるほど大きくないために、自国の物価 P や利子率 r が海外のそれらと等しくならざるを得ないような国のことを、国際経済学では**小国**と呼ぶ。したがって、小国の経済で完全雇用が達成されているならば、国民所得が $Y=Y^f$(一定)となるので、名目

第12章 国際マクロ経済学

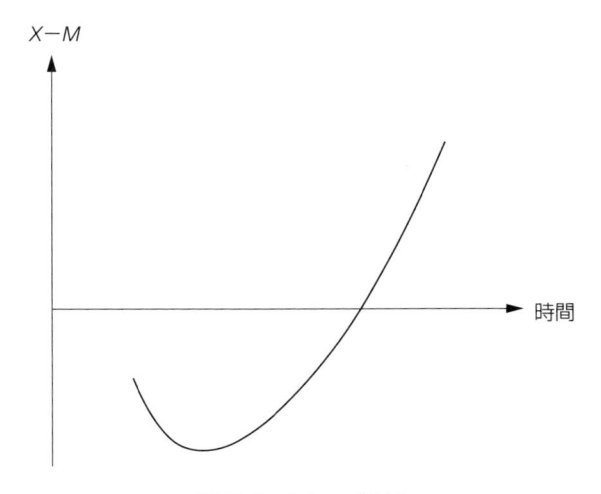

図12.1 Jカーブ効果

貨幣需要は $PL(Y, r) = P^*L(Y^f, r^*)$（一定）となる。

　国際収支決定理論の代表的なものとして、国際収支を貨幣的現象（外貨準備増減）としてとらえる**マネタリー・アプローチ**が知られている。中央銀行のハイパワードマネー（中央銀行負債）を H とし、その裏付け（中央銀行資産）となる国内資産（債券等）と対外資産（米国債など外貨準備）を、それぞれ D、R とすると、それらの間で等式

$$H = D+R$$

が成り立つので、貨幣乗数を μ として、貨幣市場均衡式（8.2）を用いると、等式

$$\mu(D+R) = PL$$

が得られる。したがって、仮に中央銀行が ΔD の買いオペを実施したとすると、マネーサプライが $\mu \Delta D$ だけ増加するので、貨幣市場はその分超過供給に陥る。このとき、貨幣市場が再び均衡を取り戻すためには、名目貨幣需要 PL が一定であることから、外貨準備がちょうど ΔD だけ減少する必要がある。なぜなら、ハイパワードマネーの減少 $\Delta R = -\Delta D$ が、乗数倍のマネーサプライ

の減少 $\mu\Delta R=-\mu\Delta D$ を生み出すので、ちょうど当初の超過供給 $\mu\Delta D$ を相殺することができるからである。次に、そのようなプロセスが具体的にどのようにして起こるかを考えてみよう。まず、買いオペによって、人々は、望ましいと思う通貨量 PL 以上の貨幣を保有することになる。余分な貨幣の一部は、自然と海外の財や資産の購入に向かい、国際収支を赤字化するので、外貨準備が減少する。もし、買いオペが 1 回限りのものならば、外貨準備はそれ以後変化しないので外貨準備増減は一定となり、国際収支は均衡を取り戻す。しかし、買いオペが繰り返される場合には外貨準備が減少し続けるので、外貨準備増減は恒常的に負となる。以上の考察から、次の結論が導かれる。

> 国際収支の恒常的赤字は、中央銀行による過大で継続的な国内信用供与（買いオペなど）によって引き起こされるものなので、国際収支を改善するためには、中央銀行による金融引き締めが必要である。

12.10 外国貿易乗数

ここでは、**開放経済**（海外部門を考慮する経済）の均衡国民所得について考察する。ただし為替レートは一定だと仮定する。輸入 IM は一般に国民所得 Y に依存する。そこで、輸入関数

$$IM(Y) = IM_0 + mY$$

を導入する。上の定数 m は**限界輸入性向**と呼ばれる。

輸入関数を用いると、開放経済における財・サービスの総需要は

$$Y_d = \{c(Y-T)+C_0\}+I+G+EX-IM_0-mY$$

と書けるので、均衡国民所得は

$$Y = \frac{-cT+C_0+I+G+EX-IM_0}{1-c+m} \tag{12.3}$$

となる。この式の右辺にある政府支出 G だけを $G+\Delta G$ へと変化させ、変化の前後の2式を辺々引き算すると、均衡国民所得の変化 ΔY と政府支出の変化 ΔG についての等式

$$\Delta Y = \frac{1}{1-c+m}\Delta G \quad (12.4)$$

が得られる。ここで出てきた乗数 $\frac{1}{1-c+m}$ は**外国貿易乗数**と呼ばれる。この乗数は、均衡国民所得を増減させるための財政政策の効果を決定するが、その大きさは、閉鎖経済の場合の政府支出乗数と比べて、分母にある m の分だけ小さくなっている。その理由は、国内で分配された国民所得のすべてが国内産品に支出されるわけではなく、その一部が海外産品の購入に充てられるので、その分、乗数効果が小さくなるからである。

貿易収支は

$$Z = EX - IM_0 - mY \quad (12.5)$$

なので、国民所得が ΔY だけ変化するとき、貿易収支は

$$\Delta Z = -m\Delta Y$$

だけ変化する。さらに、この国民所得の変化が政府支出の変化によってもたらされたものだとすると、最後の式を式(12.4)と組み合わせることによって、等式

$$\Delta Z = \frac{-m}{1-c+m}\Delta G$$

が得られる。これから次のような結論を導くことができる。

拡大的な財政政策は国民所得を増加させ、同時に輸入も増加させるので、結果として貿易収支を悪化させる。

また、式 (12.5) の右辺に式 (12.3) を代入して整理すると、

$$Z = \frac{1-c}{1-c+m}EX + \cdots$$

のような形の式が得られる。これから、輸出の変化 ΔEX と貿易収支の変化 ΔZ についての

$$\Delta Z = \frac{1-c}{1-c+m}\Delta EX$$

という等式が導かれるが、これは、

> 輸出の増加は国民所得を十分増加させるので、輸入を増加させるにもかかわらず、貿易収支を改善する

ということを示している。

注意 式 (12.3) で与えられる均衡国民所得は、財市場を均衡させはするが、貿易収支までも均衡させるとは限らない。

12.11 BP 曲線

以下では、経常収支として貿易収支だけを考え、国際収支が経常収支と資本収支の和に等しいものとして議論する。経常収支を Z とし、資本収支を F とすると、国際収支の均衡条件は

$$Z + F = 0$$

で与えられる。為替レート e を一定とすると、式 (12.5) から明らかなように、Z は Y の減少関数となる。さらに、マーシャル・ラーナー条件が満たされるものと仮定すると、Y が一定のとき Z は e の増加関数となる。

第12章　国際マクロ経済学

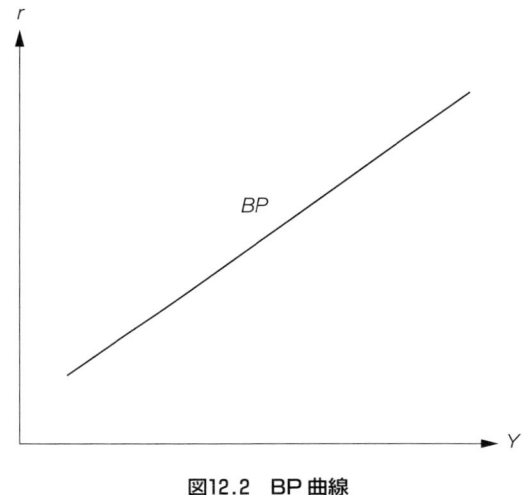

図12.2　BP曲線

　また、自国利子率が上昇すると、収益性の高い自国資産を求めて海外から資本が流入するので、資本収支は改善する。したがって、資本収支 F は利子率 r の増加関数となる。

　与えられた為替レート e のもとで国際収支を均衡させるような国民所得と利子率の組 (Y, r) からなる、Y-r 平面上の曲線のことを **BP 曲線** という（図12.2）。すなわち、BP 曲線とは、e を定数とする方程式

$$Z(Y, e) + F(r) = 0$$

を満たす、Y-r 平面の点 (Y, r) からなる曲線のことである。為替レート e を変化させると、BP 曲線がシフトするということに注意しよう。

　はじめに、BP 曲線の形を決定する。そのためには、国内利子率 r が下落したとき、国民所得 Y がどのように変化するかを調べればよい。

1. 国内利子率 r が下落する。
2. 収益性の高い外国資産を求めて国内から海外へと資本が流出するので、資本収支が悪化する。
3. 国際収支の均衡が維持されるためには、経常収支が改善しなければならない。

129

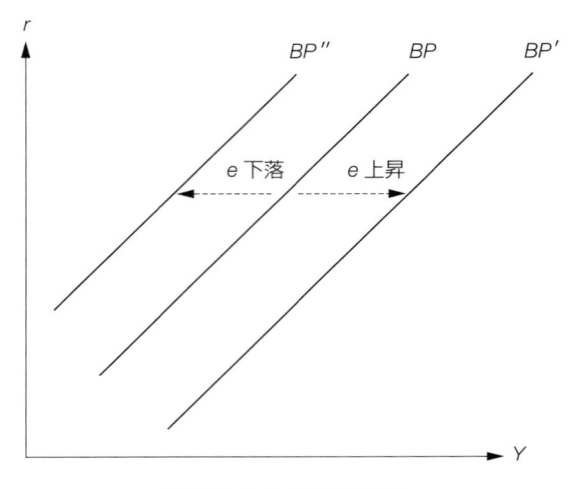

図12.3 BP 曲線のシフト

 4．為替レート e が一定なので、経常収支改善は国民所得の減少によってのみ可能である。

上の議論により、r が減少すると Y も減少することが分かった。したがって、

BP 曲線は、一般に、右上がりとなる。

つぎに、為替レート e を変化させるとき、BP 曲線がどのようにシフトするかを調べよう（図12.3）。そのためには、r を固定しながら e を変化させるとき、Y がどのように変化するかを調べればよい。
 1．為替レート e が上昇したとする。
 2．Y が変わらなければ、経常収支が黒字化してしまう。
 3．資本収支が一定なので、国際収支が均衡を維持するためには、Y が増加しなければならない。

したがって、

第12章 国際マクロ経済学

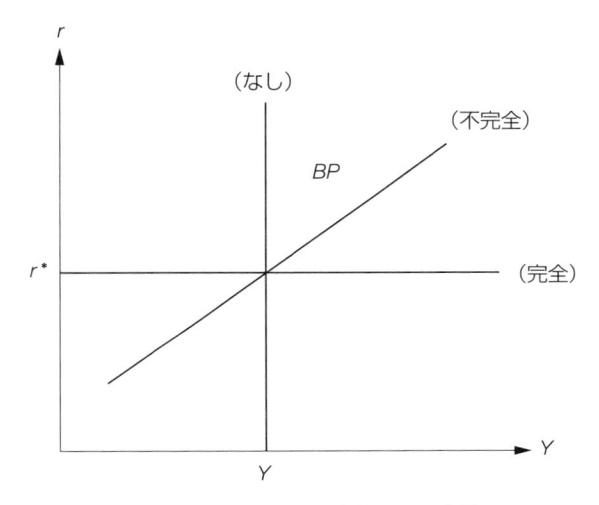

```
       r
       │
       │    (なし)
       │     │         (不完全)
       │     │       ╱
       │     │     ╱
       │     │   ╱  BP
       │     │ ╱
    r* ├─────┼─────────── (完全)
       │   ╱ │
       │ ╱   │
       │     │
       └─────┴──────────→ Y
             Y
```

図12.4 資本移動の完全性と BP 曲線

為替レート e が上昇すると、BP 曲線は右シフトする。

同様の議論から、以下のことが分かる。

為替レート e が下落すると、BP 曲線は左シフトする。

資本移動が完全な場合の BP 曲線

　海外利子率を r^*、自国利子率を r とするとき、$r^* > r$ ならば資本が流出するので、国民所得 Y を固定するとき経常収支は赤字となる。同様に $r^* < r$ ならば、国民所得 Y を固定するとき経常収支は黒字となる。したがって、国際収支を均衡させる自国利子率は、すべての国民所得 Y に対して $r = r^*$ となる（図12.4）。その結果、

> 資本移動が完全な場合の BP 曲線は Y 軸に平行な直線となる。

資本移動がない場合の BP 曲線

　資本移動がない場合には資本収支そのものが存在しないので、国際収支を均衡させる国民所得 Y は、自国利子率 r とは無関係に決まる（図12.4）。したがって、

> 資本移動がない場合の BP 曲線は r 軸に平行な直線となる。

■練習問題

穴埋め問題

1. 国際収支は経常収支、（　　　）、（　　　）、（　　　）からなり、このうち経常収支はさらに（　　　）、所得収支、（　　　）からなる。
2. 資本収支は（　　　）と（　　　）からなる。
3. （　　　）は、通貨当局（政府や日本銀行）の管理下にあるすぐに利用可能な対外資産の増減を計上する項目で、貨幣用金、SDR、IMFリザーブポジションを含む。
4. 国際収支表ではつねに経常収支＋（　　　）＋（　　　）＋誤差脱漏＝（　　　）が成り立つ。
5. 海外には日銀に相当する集中決済機構が存在しないので、邦銀は海外の銀行と（　　　）契約を結び、それらの銀行との間で（　　　）決済する。
6. 外国為替手段には（　　　）、（　　　）、（　　　）、船積書類などの有価証券がある。
7. 外国為替市場は、金融機関同士が取引する（　　　）市場と、事業法人、機関投資家、ヘッジファンド、FX取扱会社などが銀行と取引する（　　　）市場に大別される。
8. （　　　）とは、為替レートを固定もしくはその変動幅をごく小幅に限定する管理相場制度で、ペッグ制とも呼ばれる。
9. 貿易収支が赤字ならば、外国為替の需要が増加するので為替レートが（　　　）

し、輸出増・輸入減となる。その結果、貿易収支は（　　　）する。

10. グスタフ・カッセルの（　　　）説によると、自国が相対的にインフレになると円安となり、外国が相対的にインフレになると円高となる。

11. 完全雇用小国の国際収支決定理論である（　　　）アプローチによると、国際収支の恒常的（　　　）は中央銀行による過大な国内信用供与（買いオペなど）の継続によって引き起こされる。

12. 与えられた為替レート e のもとで国際収支を均衡させるような国民所得と利子率の組 (Y, r) からなる、Y–r 平面における曲線のことを（　　　）曲線といい、そのグラフは一般的に右（　　　）である。また、それは、為替レート e が下落するとき（　　　）シフトする。

13. 貿易収支が赤字 $Z = EX - IM < 0$ の場合、邦貨建て為替レート e が上昇し、（　　　）が満たされる長期においては貿易収支が改善する。しかし、（　　　）が満たされない短期においては $\frac{\Delta Z}{\Delta e} < 0$ となるので貿易収支はむしろ悪化する。この現象は（　　　）として知られている。

計算問題

1. ある期間にアメリカの物価が5％上昇し、日本の物価が1％下落した。購買力平価説によると、この場合、為替レートはどのように変化するか。

2. 輸入関数が $IM(Y) = 120 + 0.2Y$、消費関数が $C(Y) = 0.6(Y - 50) + 100$ であるとき、輸出が60増加したとすると、貿易収支はどのように変化するか。

第13章 マンデル・フレミングモデル

　この章では外貨準備を記号 R で表す。**マンデル・フレミングモデル**は、財・サービス市場の均衡を表す IS 曲線と貨幣市場の均衡を表す LM 曲線に、国際収支の均衡を表す BP 曲線を加えて、開放経済における財政・金融政策の効果を分析する。与えられた為替レート e の下での開放経済の IS 曲線は、式

$$I(r)+G+EX-IM_0 = S(Y)+T+mY$$

によって定義される。為替レート e が上昇するとき、どのような Y の値に対しても貿易収支 $EX-IM = EX-IM_0-mY$ は改善するので、とくに $EX-IM_0$ は増加する。すると、上の式から明らかなように、IS 曲線は右シフトする。同様に為替レート e の下落は IS 曲線を左シフトさせる。

> 為替レート e の上昇は IS 曲線を右シフトさせ、為替レート e の下落は IS 曲線を左シフトさせる。

問題54 消費関数を $C(Y) = 0.6(Y-T)+100$, 投資関数を $I(r) = 100-100r$, 政府支出を $G = 50$, 租税を $T = 50$, 流動性関数を $L_1(Y) = 0.6Y$, $L_2(r) = 100-75r$, 物価を $P = 2$, マネーサプライを $M = 842$, 為替レートが e のときの輸出関数を $EX(e) = 80+0.1e$, 輸入関数を $IM(e) = 50+0.2Y-0.1e$ とするとき、為替レートが $e = 100$ のときの IS 曲線を求めよ。

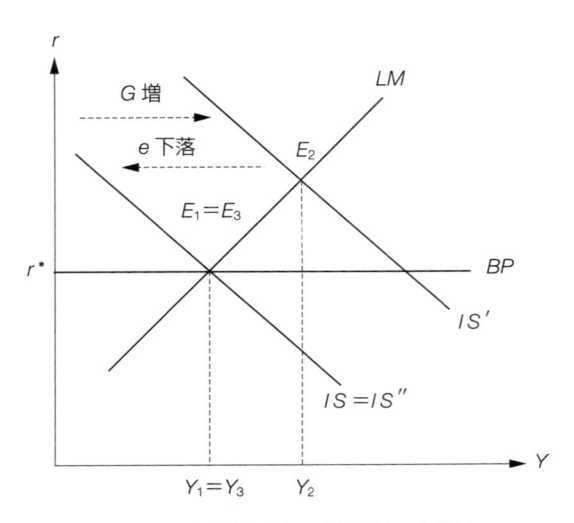

図13.1 変動相場制 財政政策の有効性

13.1 資本移動が完全自由な場合（変動相場制の場合）

資本移動が完全自由なとき、変動相場制の下では財政政策が無効となる。

1. 経済が当初、図13.1中の点 E_1 にあって、財・サービス市場、貨幣市場、国際収支のすべてが均衡していたときに、拡大的な財政政策（G 増など）を実施する。
2. 当初の IS 曲線は新たな IS 曲線 IS' へと右シフトする。このとき経済は点 E_2 へと移行し、国民所得は Y_1 から Y_2 へと増加する。
3. 点 E_2 では自国利子率 r が海外利子率 r^* を上回るので資本流入が起こり、為替レートが下落（円高）する。
4. 為替レートが下落すると、IS 曲線が左シフトする。すると IS' は IS へと戻ってしまうので、国民所得 Y_2 は元の Y_1 へと戻ってしまう。

第13章 マンデル・フレミングモデル

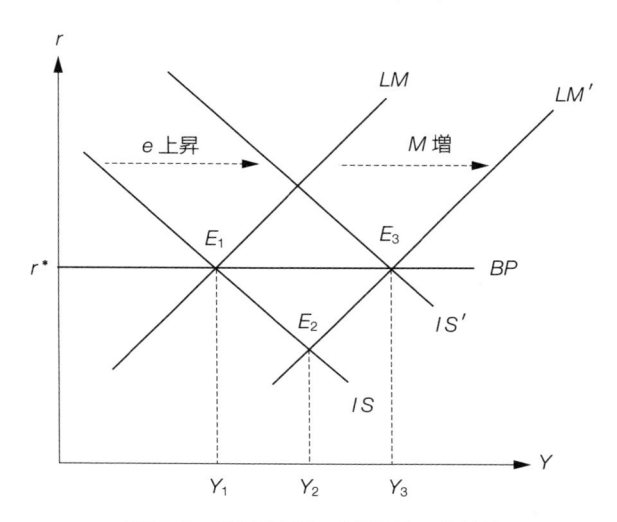

図13.2　変動相場制　金融政策の有効性

資本移動が完全自由なとき、変動相場制の下では金融政策が有効となる。

1．経済が当初、図13.2中の点 E_1 にあって、財・サービス市場、貨幣市場、国際収支のすべてが均衡していたときに、拡大的な金融政策（M 増）を実施する。
2．当初の LM 曲線は新たな LM 曲線 LM' へと右シフトする。このとき経済は点 E_2 へと移行し、国民所得は Y_1 から Y_2 へと増加する。
3．点 E_2 では自国利子率 r が海外利子率 r^* を下回るので資本流出が起こり、為替レートが上昇（円安）する。
4．為替レートが上昇すると、IS 曲線が IS' へと右シフトする。すると経済は E_2 から E_3 へと移行し、国民所得 Y_2 は国民所得 Y_3 へと増加する。

問題55　消費関数を $C(Y) = 0.6(Y-T)+100$、投資関数を $I(r) = 100-100r$、政府支出を $G = 50$、租税を $T = 50$、流動性関数を $L_1(Y) = 0.6Y$、$L_2(r) = 200-200r$、物価を $P = 2$、マネーサプライを $M = 900$、為替レートが e のときの輸出関数を $EX(e) = 80+0.1e$、輸入関数を $IM(e) = 50+0.2Y-0.1e$ とするとき、資

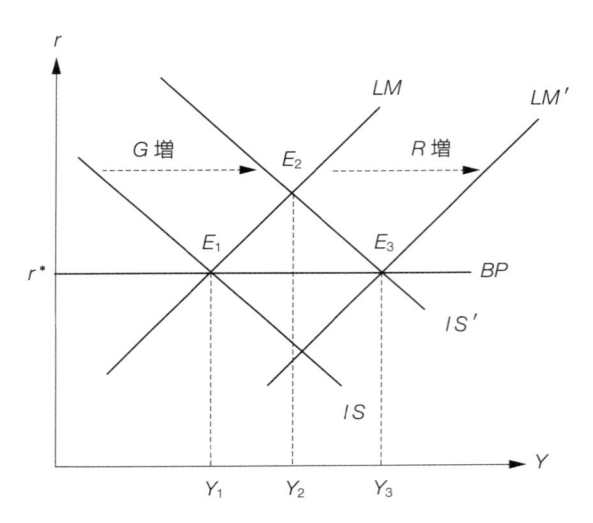

図13.3 固定相場制 財政政策の有効性

本移動が完全自由であるものとして、海外利子率 $r^* = 0.06$ のもとで、財市場、貨幣市場、国際収支のすべてが均衡するような為替レートを求めよ。

13.2 資本移動が完全自由な場合（固定相場制の場合）

資本移動が完全自由なとき、固定相場制の下では財政政策が有効となる。

1．経済が当初、図13.3中の点 E_1 にあって、財・サービス市場、貨幣市場、国際収支のすべてが均衡していたときに、拡大的な財政政策（G 増など）を実施する。
2．当初の IS 曲線は新たな IS 曲線 IS' へと右シフトする。このとき経済は点 E_2 へと移行し、国民所得は Y_1 から Y_2 へと増加する。
3．点 E_2 では自国利子率 r が海外利子率 r^* を上回るので資本流入が起こり、為替レートの下落圧力が強まる。
4．中央銀行は為替レートの下落圧力を受けて自国通貨売り・外貨買いの介入を行う。結果として外貨準備 R が増加する。

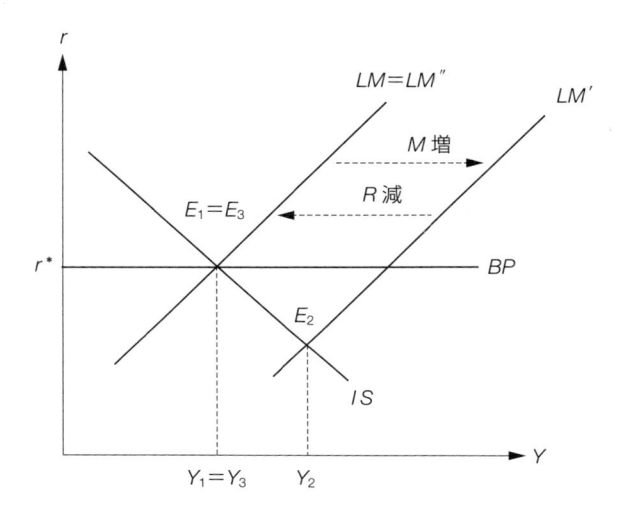

第13章 マンデル・フレミングモデル

図13.4 固定相場制　金融政策の有効性

5. 外貨準備の増加はその貨幣乗数倍のマネーサプライ増をまねく。
6. マネーサプライの増加は LM 曲線を LM' へと右シフトする。このとき経済は点 E_3 へと移行し、国民所得は Y_2 から Y_3 へと増加する。

> 資本移動が完全自由なとき、固定相場制の下では金融政策が無効となる。

1. 経済が当初、図13.4中の点 E_1 にあって、財・サービス市場、貨幣市場、国際収支のすべてが均衡していたときに、拡大的な金融政策（M 増）を実施する。
2. 当初の LM 曲線は新たな LM 曲線 LM' へと右シフトする。このとき経済は点 E_2 へと移行し、国民所得は Y_1 から Y_2 へと増加する。
3. 点 E_2 では自国利子率 r が海外利子率 r^* を下回るので資本流出が起こり、為替レートの上昇圧力が強まる。
4. 中央銀行は為替レートの上昇圧力を受けて自国通貨買・外貨売りの介入を行う。結果として外貨準備 R が減少する。

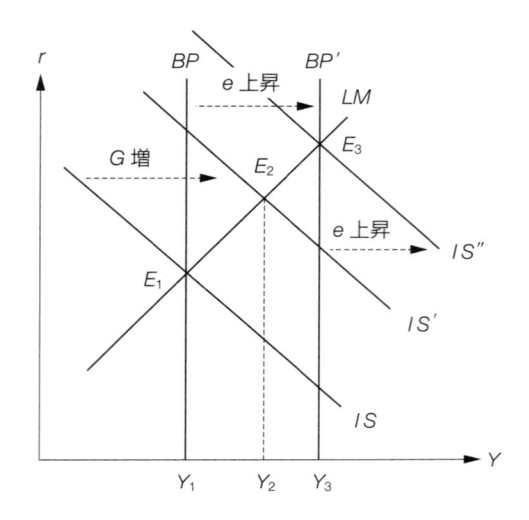

図13.5　変動相場制　財政政策の有効性

5. 外貨準備の減少はその貨幣乗数倍のマネーサプライ減をまねく。
6. マネーサプライの減少はLM曲線を左シフトさせる。LM'はLMへと戻ってしまうので、国民所得Y_2は元のY_1へと戻ってしまう。

13.3　資本移動がない場合（変動相場制の場合）

> 資本移動がないとき、変動相場制の下では財政政策が有効となる。

1. 経済が当初、図13.5中の点E_1にあって、財・サービス市場、貨幣市場、国際収支のすべてが均衡していたときに、拡大的な財政政策（G増など）を実施する。
2. 当初のIS曲線は新たなIS曲線IS'へと右シフトする。このとき経済は点E_2へと移行し、国民所得はY_1からY_2へと増加する。
3. 国民所得の増加に伴って輸入IMが増加し、国際収支が悪化する。
4. 国際収支が悪化すると為替レートeが上昇する。

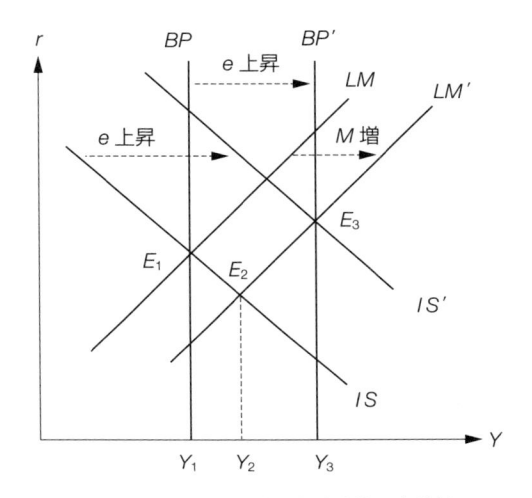

第13章　マンデル・フレミングモデル

図13.6　変動相場制　金融政策の有効性

5．為替レート e が上昇すると BP 曲線が BP' へと右シフトする。
6．為替レート e の上昇にともなって、IS 曲線は IS' から IS'' へと右シフトする。このとき経済は点 E_3 へと移行し、国民所得は Y_2 から Y_3 へと増加する。

資本移動がないとき、変動相場制の下では金融政策が有効となる。

1．経済が当初、図13.6中の点 E_1 にあって、財・サービス市場、貨幣市場、国際収支のすべてが均衡していたときに、拡大的な金融政策（M 増）を実施する。
2．当初の LM 曲線は新たな LM 曲線 LM' へと右シフトする。このとき経済は点 E_2 へと移行し、国民所得は Y_1 から Y_2 へと増加する。
3．国民所得の増加に伴って輸入 IM が増加し、国際収支が悪化する。
4．国際収支が悪化すると為替レート e が上昇する。
5．為替レート e が上昇すると BP 曲線が BP' へと右シフトする。

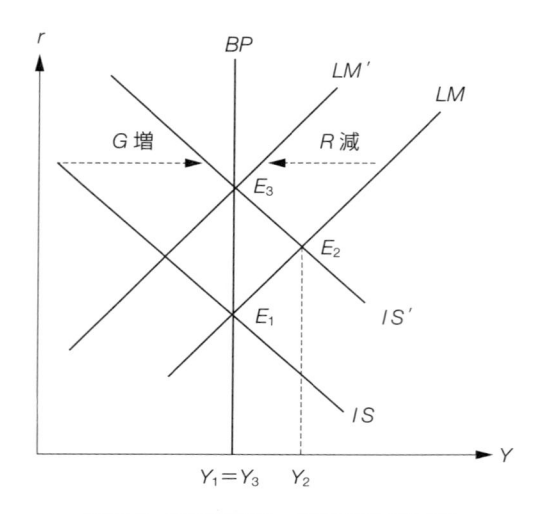

図13.7 固定相場制 財政政策の有効性

6. 為替レート e の上昇にともなって、IS曲線が IS' へと右シフトする。このとき経済は点 E_3 へと移行し、国民所得は Y_2 から Y_3 へと増加する。

13.4 資本移動がない場合（固定相場制の場合）

資本移動がないとき、固定相場制の下では財政政策が無効となる。

1. 経済が当初、図13.7中の点 E_1 にあって、財・サービス市場、貨幣市場、国際収支のすべてが均衡していたときに、拡大的な財政政策（G 増など）を実施する。

2. 当初のIS曲線は新たなIS曲線 IS' へと右シフトする。このとき経済は点 E_2 へと移行し、国民所得は Y_1 から Y_2 へと増加する。

3. 国民所得の増加に伴って輸入 IM が増加するので、国際収支が悪化し、為替レートの上昇圧力が強まる。

4. 中央銀行は為替レートの上昇圧力を受けて自国通貨買・外貨売りの介入を

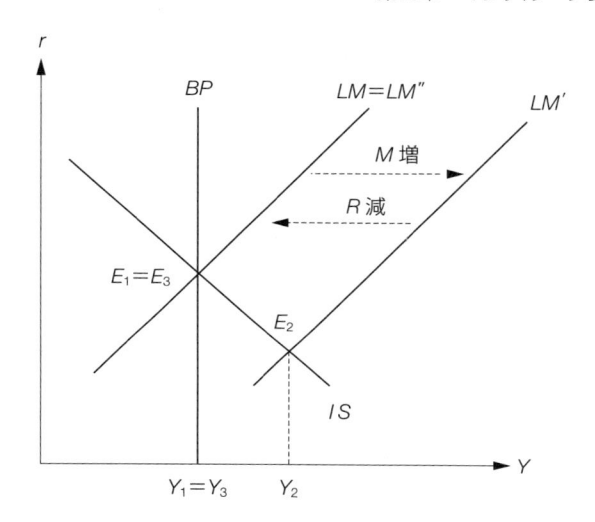

第13章 マンデル・フレミングモデル

図13.8 固定相場制 金融政策の有効性

行う。結果として外貨準備 R が減少する。
5．外貨準備の減少はその貨幣乗数倍のマネーサプライ減をまねく。
6．マネーサプライの減少は LM 曲線を左シフトさせる。LM は LM' へと左シフトするので、国民所得 Y_2 は元の Y_1 へと戻ってしまう。

資本移動がないとき、固定相場制の下では金融政策が無効となる。

1．経済が当初、図13.8中の点 E_1 にあって、財・サービス市場、貨幣市場、国際収支のすべてが均衡していたときに、拡大的な金融政策（M 増）を実施する。
2．当初の LM 曲線は新たな LM 曲線 LM' へと右シフトする。このとき経済は点 E_2 へと移行し、国民所得は Y_1 から Y_2 へと増加する。
3．国民所得の増加に伴って輸入 IM が増加するので、国際収支が悪化し、為替レートの上昇圧力が強まる。
4．中央銀行は為替レートの上昇圧力を受けて自国通貨買・外貨売りの介入を

行う。結果として外貨準備 R が減少する。
5．外貨準備の減少はその貨幣乗数倍のマネーサプライ減をまねく。
6．マネーサプライの減少は LM 曲線を左シフトさせる。LM' は LM へと戻ってしまうので、国民所得 Y_2 は元の Y_1 へと戻ってしまう。

■練習問題

穴埋め問題

1．為替レート e の上昇は IS 曲線は（　　　）シフトさせ、為替レート e の下落は IS 曲線を（　　　）シフトさせる。
2．資本移動が完全自由なとき、変動相場制の下では財政政策が（　　　）となる。
3．資本移動が完全自由なとき、固定相場制の下では金融政策が（　　　）となる。
4．資本移動がないとき、変動相場制の下では金融政策が（　　　）となる。
5．資本移動がないとき、固定相場制の下では財政政策が（　　　）となる。

計算問題

1．消費関数を $C(Y) = 0.6(Y-T)+100$、投資関数を $I(r) = 100-100r$、政府支出を $G = 50$、租税を $T = 50$、為替レートが e のときの輸出関数を $EX(e) = 80+0.1e$、輸入関数を $IM(e) = 50+0.2Y-0.1e$ とするとき、利子率が5％であった。為替レートが $e = 100$ から30上昇するならば、国民所得はどう変化するか。
2．消費関数を $C(Y) = 0.6(Y-T)+100$、投資関数を $I(r) = 100-100r$、政府支出を $G = 50$、租税を $T = 50$、流動性関数を $L_1(Y) = 0.6Y$、$L_2(r) = 200-200r$、物価を $P = 2$、マネーサプライを $M = 900$、為替レートが e のときの輸出関数を $EX(e) = 80+0.1e$、輸入関数を $IM(e) = 50+0.2Y-0.1e$、海外利子率を $r^* = 0.082$、為替レートを $e = 123$ とするとき、財市場、貨幣市場、国際収支のすべてが均衡した。ただし、資本移動は完全自由であった。このときの国民所得を求めよ。また、マネーサプライを $M = 1032$ へと増加させたところ、為替レートが変化して、再び財市場、貨幣市場、国際収支のすべてが均衡した。このときの国民所得と為替レートを求めよ。

第14章 まとめ

第1章

☐ 国内総生産とは、一定期間（通常1年間）に国内で生み出された財・サービスの付加価値の合計を市場評価したもの。

☐ 輸入中間生産物がない場合には、GDP＝最終生産物の価値の合計。

☐ $\text{過去一年間の経済成長率} = \dfrac{\text{今年のGDP} - \text{昨年のGDP}}{\text{昨年のGDP}}$

☐ 国内総所得とは、一定期間（通常1年間）に国内で生み出された財・サービスの付加価値が、生産活動に貢献した経済主体に分配されたものの合計のこと。

☐ GDP ＝ 雇用者報酬＋営業余剰・混合所得＋固定資本減耗＋(間接税－補助金)
　　　 ＝ GDI

☐ 国内で生産された財・サービスに輸入された財・サービスを加えたものから海外への輸出を除いたものは、国内の生産過程に中間投入（中間消費）されるか、家計または政府によって最終消費されるか、国内に投資（資本形成）され、過不足は在庫品の増加となる。

☐ GDP ＝ GDE
　　　 ＝ 民間最終消費支出＋政府最終消費支出＋国内総固定資本形成
　　　　 ＋在庫品増加＋(輸出－輸入)

□　　　　　　　　GDP ＝ GDI ＝ GDE

□ 国民総所得とは、一定期間（通常1年間）に一国の国民によって生み出された財・サービスの付加価値の合計のこと。

□　　　　　　GNI ＝ GDP＋海外からの純所得

□ 国民純所得（Net National Income, NNI）＝ 国民総所得（GNI）－ 固定資本減耗
□ 狭義の国民所得（NI）＝ 国民純所得（NNI）－ 純間接税

□　　　　　　GDPデフレーター ＝ $\dfrac{名目GDP}{実質GDP}$

第2章

□ 貯蓄は式

$$S \equiv (Y-T)-C$$

によって定義される。

□ ケインズ型消費関数は、限界消費性向を c、基礎消費を C_0 とするとき、

$$C(Y) = c(Y-T)+C_0$$

で与えられる。政府部門を無視して考える場合（$T=G=0$）には

$$C(Y) = cY+C_0$$

となる。

□ ケインズ型貯蓄関数は、限界貯蓄性向を s とするとき、

$$S(Y) = s(Y-T)-C_0$$

で与えられる。政府部門を無視して考える場合（$T=G=0$）には

$$S(Y) = sY-C_0$$

となる。

□ 海外部門と政府部門はないものとし、投資 I は一定とする場合、三面等価の原則により、均衡国民所得 Y は

$$Y = (cY + C_0) + I$$

を満たす。

□ 海外部門と政府部門はないものとし、投資 I は一定とする場合の IS バランス式は、

$$\begin{aligned} I &= S(Y) \\ &= sY - C_0 \end{aligned}$$

で与えられる。

□ 貯蓄のパラドックスとは、投資水準が一定ならば、国民の貯蓄意欲が高まり限界貯蓄性向が増加しても総貯蓄は前と変わらないという現象のことである。

第3章

□ 海外部門はないものとし、また、投資 I は一定として、政府部門を考慮する場合、三面等価の原則により、均衡国民所得 Y は

$$Y = \{c(Y-T) + C_0\} + I + G$$

を満たす。

□ 海外部門はないものとし、また、投資 I は一定として、政府部門を考慮する場合、均衡国民所得 Y は、

$$Y = \frac{-cT + C_0 + I + G}{1-c}$$

で与えられる。

□ 海外部門はないものとし、また、投資 I は一定として、政府部門を考慮する場合、IS バランス式は、

$$I+G = S(Y)+T$$
$$= s(Y-T)-C_0+T$$

で与えられる。
- □ C_0, I, G の増加は均衡国民所得を増加させ、それらの減少は均衡国民所得を減少させる。また、租税 T の減少（減税）は均衡国民所得を増加させ、租税 T の増加（増税）は均衡国民所得を減少させる。
- □ 総需要曲線 Y_d と総供給曲線 Y_s が交わる点 E での総需要の値 Y_d^e のことを有効需要といい、ケインズは「需要された分だけ供給される」という有効需要の原理を主張した。

第 4 章

- □ 式

$$\Delta Y = \frac{1}{1-c}\Delta I$$

中の乗数は投資乗数と呼ばれる。
- □ ΔI のような比較的小さな総需要の変化が、均衡国民所得 Y の大きな変化 ΔY を生み出すという、いわば「テコの働き」のことを、乗数効果という。
- □ 式

$$\Delta Y = \frac{1}{1-c}\Delta G$$

中の乗数は政府支出乗数と呼ばれる。
- □ 式

$$\Delta Y = \frac{-c}{1-c}\Delta T$$

中の乗数は租税乗数と呼ばれる。
- □ 均衡予算乗数は 1 に等しい。

第14章 まとめ

第5章

□ 単位期間の利子率を r とし、元金を V_0 とすると、n 期間後の元利合計は

$$V = V_0(1+r)^n$$

となる。

□ 追加的な1単位の投資に対する、各期の見込み収益を Q_1, Q_2, ⋯ とするとき、投資の需要価格は

$$\frac{Q_1}{(1+r)} + \frac{Q_2}{(1+r)^2} + \frac{Q_3}{(1+r)^3} + \cdots$$

となる。

□ 投資の供給価格が C であるとき、

$$C = \frac{Q_1}{(1+\rho)} + \frac{Q_2}{(1+\rho)^2} + \frac{Q_3}{(1+\rho)^3} + \cdots$$

を満たすような率 ρ のことを投資の限界効率という。

□ 投資が新たに実施されるかどうかは、投資の限界効率 ρ と利子率 r が不等式

$$\rho \geqq r$$

を満たすかどうかによって決まる。

□ 投資関数 $I(r)$ は利子率 r の減少関数である。

□ ケインズは人々の物価上昇期待が直接影響を及ぼすのは金利ではなく、投資の限界効率だと考え、利子率が相対的にあまり上昇しないならば、人々の物価上昇期待は投資を刺激すると考えた。また、投資の限界効率が人々の「期待」に依存して不安定に上下するということから景気変動の存在を説明しようとした。

第6章

□ 貨幣には現金通貨と預金通貨がある。

□ ハイパワードマネーとは「日本銀行が供給する通貨」のことで、日本銀行券発

- 行残高、狭義の「貨幣」流通量、日銀当座預金の合計に等しい。
- □ マネーサプライとは決済手段としての「お金」の残高のことで、それは、家計、企業、地方公共団体といった通貨保有主体が保有する現金通貨と預金通貨、および、現金通貨と預金通貨に比較的容易に変えることができる金融資産からなる。ただし、金融機関や国が保有する現金通貨と預金通貨はマネーサプライから除外される。
- □ 日本では、マネーサプライの代表的な指標として M_2+CD と広義流動性が用いられている。
- □ α を現金・預金比率、β を準備・預金比率とすると、貨幣乗数は $\mu = \dfrac{\alpha+1}{\alpha+\beta}$ で与えられる。
- □ ハイパワードマネー増加の貨幣乗数倍だけマネーサプライが増加する。
- □ 貨幣は交換の媒体、価値尺度、価値保蔵手段としての機能を持つ。
- □ 債券の種類には代表的なものとして利付債(クーポン債)と割引債(ゼロクーポン債)がある。
- □ 人々が、利息の得られる債券保有よりも利息のほとんど得られない貨幣保有の方を選好するということを流動性選好という。
- □ コンソル債の価格は

$$B = \frac{\alpha F}{r}$$

で与えられる。したがって、債券価格 B と利子率 r は一方が上昇すると他方が下落するという関係にある。
- □ ケインズは将来利子率の不確実性を、流動性選好が存在する理由の一つとして考えた。

第7章

- □ ケインズは人々の貨幣保有動機を、取引動機、予備的動機、投機的動機の三つに大別した。
- □ 流動性関数 $L_1(Y)$ は Y の増加関数で、$L_2(r)$ は r の減少関数である。
- □ 一般に証券投資の収益は、譲渡によるキャピタルゲイン(売却益)またはキャ

ピタルロス（売却損）、および、証券を保有することにより定期的に得られるインカムゲイン（配当や利息など）からなる。
- □ 将来利子率が下落すると予想する人は、当然ながら債券を保有しようとする。しかし、将来利子率が上昇すると予想する人でも、その人の予想上昇幅が現行利子率の2乗を下回る場合には債券を保有しようとする。
- □ 利子率が下限に近づくとき、人々は一斉に保有債券のすべてを貨幣と換金しようとする。その結果、貨幣需要が無限に増加する状態のことを流動性の罠という。
- □ 貨幣市場の均衡 $M = L$ と債券市場の均衡 $B_s = B_d$ は、一方が成り立てば他方も成り立つという関係にある。これはワルラス法則として知られる。

第8章

- □ 財・サービス市場を均衡させる国民所得と利子率の組み合わせ (Y, r) からなる、Y–r 平面上の曲線のことをIS曲線という。
- □ IS曲線は、一般に、右下がりとなる。
- □ IS曲線は、G増、T減で右シフトし、G減、T増で左シフトする。
- □ 国民所得 Y と物価 P が一定であるとき、マネーサプライ M を増加させると利子率 r は下落し、マネーサプライ M を減少させると利子率 r は上昇する。
- □ 貨幣市場を均衡させる国民所得と利子率の組み合わせ (Y, r) からなる、Y–r 平面上の曲線のことをLM曲線という。
- □ LM曲線は一般に右上がりとなり、流動性の罠に対応する部分は水平となる。
- □ LM曲線は、M増、P減で右シフトし、M減、P増で左シフトする。
- □ IS曲線とLM曲線を用いて、財・サービス市場と貨幣市場の同時均衡の様子を調べる方法をIS-LM分析という。

第9章

- □ 景気後退局面では政府支出の増加または減税によって国民所得や雇用を拡大しようとし、インフレ局面では反対に政府支出の減少または増税によって国民所得や雇用を縮小しようとする経済政策のことを財政政策という。
- □ 一般に、拡大的な財政政策を行うと国民所得 Y は増加し、それに伴って利子率

r は上昇する。また、縮小的な財政政策を行うと国民所得 Y は減少し、それに伴って利子率 r は下落する。
- 利子率が上昇した結果、当初目指した有効需要の増分が得られなくなってしまうことをクラウディングアウトという。
- 景気後退局面ではマネーサプライの増加によって国民所得や雇用を拡大しようとし、インフレ局面では反対にマネーサプライの減少によって国民所得や雇用を縮小しようとする政策のことを金融政策という。
- 一般に、拡大的な金融政策を行うと国民所得 Y は増加し、それに伴って利子率 r は下落する。また、縮小的な金融政策を行うと国民所得 Y は減少し、それに伴って利子率 r は上昇する。
- 投資の利子弾力性は投資関数のグラフが水平に近ければ近いほど大きくなり、垂直に近ければ近いほど小さくなる。
- 貨幣需要の利子弾力性は貨幣需要関数 $L_2(r)$ のグラフが水平に近ければ近いほど大きくなり、垂直に近ければ近いほど小さくなる。流動性の罠に相当する部分では、貨幣需要の利子弾力性は無限大になる。
- 投資の利子弾力性が大きければ大きいほど、IS 曲線が水平により近くなり、金融政策の有効性は増す。
- 貨幣需要の利子弾力性が大きければ大きいほど、LM 曲線が水平により近くなり、財政政策の有効性は増す。
- 投資の利子弾力性がすべての利子率でゼロならば、金融政策は無効となる。
- 貨幣需要の利子弾力性がすべての利子率でゼロならば、財政政策は無効となる。

第10章

- 雇用量が N のとき、追加的なもう一人の雇用が生み出す生産の増分のことを、雇用量 N における労働の限界生産力 $MPL(N)$ という。労働の限界生産力 $MPL(N)$ が N の増加とともに減少することを、労働の限界生産力逓減の法則という。
- 企業が、労働の限界生産力と実質賃金が等しくなるように労働を需要するということは、古典派の第一公準として知られる。
- 雇用量が N のとき、追加的に雇われた一人の労働者が被る不効用の増分のことを、雇用量 N における労働の限界不効用 $MDL(N)$ という。労働の限界不効用

$MDL(N)$ が N が増加するにつれて増加することを、労働の限界不効用逓増の法則という。
□ 労働者が、労働の限界不効用と実質賃金が等しくなるように労働を供給するということは、古典派の第二公準として知られる。
□ ケインズは古典派の第一公準を認めるが、古典派の第二公準は認めない。
□ ケインズは名目賃金 W が下方硬直的だと考えた。
□ どのような雇用状態もじきに障壁なく完全雇用水準に移行するという、古典派に典型的な主張は、セイの法則の帰結に他ならない。
□ ケインズは、有効需要の大きさが不十分であるとき、労働市場において非自発的失業の存在する可能性を指摘した。
□ 有効需要が雇用量、したがって、それの産出する総供給を決定するという考えのこと有効需要の原理という。

第11章

□ 物価 P と総供給 Y の関係を表す、Y–P 座標平面上での曲線のことを総供給曲線 AS という。
□ 古典派の総供給曲線は Y 軸上の点 $(Y^f, 0)$ を通り、Y 軸に垂直な直線となる。
□ ケインズの総供給曲線は、国民所得 Y が完全雇用水準 Y^f に達するまでは右上がりで、$Y = Y^f$ となったところで Y 軸に垂直な直線となる。
□ 物価 P と総需要 Y の関係を表す、Y–P 座標平面上での曲線のことを総需要曲線 AD という。
□ 総需要曲線 AD は一般に右下がりとなる。
□ 拡大的な財政政策（G 増、T 減）や金融政策（M 増）を実施すると、AD 曲線は右シフトする。
□ 縮小的な財政政策（G 減、T 増）や金融政策（M 減）を実施すると、AD 曲線は左シフトする。
□ AS 曲線と AD 曲線を用いて、労働市場、財・サービス市場、貨幣市場の同時均衡の様子を調べることを AD-AS 分析という。
□ 古典派は、拡大的な財政・金融政策を実施しても、所得 Y は変化せず、物価 P が上昇するだけだと主張する。
□ ケインズは、非自発的失業が存在する状況で拡大的な財政・金融政策を実施す

ると、所得 Y が増加し、物価 P が上昇すると主張する。

第12章

☐ 国際収支統計とは、一国の居住者と非居住者との間で一定期間に行われた(1)財貨・サービス・所得の取引(2)対外資産・負債の増減に関する取引(3)移転取引を、国際通貨基金（IMF）の「国際収支マニュアル第5版」にしたがって体系的に記録したものである。

☐ 国際収支は経常収支、資本収支、外貨準備増減、誤差脱漏からなり、このうち経常収支はさらに貿易・サービス収支、所得収支、経常移転収支に分けられる。

☐ 資本収支は投資収支とその他資本収支からなる。

☐ 国際収支表では、等式

$$経常収支 + 資本収支 + 外貨準備増減 + 誤差脱漏 = 0$$

が、つねに成り立つ。

☐ 外国為替は、通貨の異なる海外との資金決済を現金の移動なしに行う方法である。

☐ 海外には日銀に相当する集中決済機構が存在しないので、外国為替は、邦銀と、邦銀がコルレス契約を結ぶ海外の銀行（コルレス先）の間で個別決済される。

☐ 為替手形とは、振出人が名宛人（支払人）に対して、一定の期日（満期日）に一定の金額（手形金額）を受取人または正当な所持人（被裏書人）に支払うよう委託する形式の有価証券のことである。支払を第三者に委託するという点で約束手形と異なっている。

☐ 外国為替市場は、金融機関同士が取引するインターバンク市場と、事業法人、機関投資家、ヘッジファンド、FX取扱会社などが銀行と取引する対顧客市場に大別される。

☐ 固定相場制（ペッグ制）とは為替レートを固定、もしくは、その変動幅をごく小幅に限定する管理相場制度のことで、変動相場制（フロート制）とは、外国為替市場における外貨の需給関係に為替レートを委ねる制度のことである。

☐ 貿易収支が黒字ならば、外国為替の需要が減少し、為替レートが下落（円高）するので輸出減・輸入増となる。その結果、貿易収支は悪化（赤字化）する。

☐ 貿易収支が赤字ならば、外国為替の需要が増加し、為替レートが上昇（円安）

するので輸出増・輸入減となる。その結果、貿易収支は改善（黒字化）する。
□ 日本の資本収支が赤字になると、外国為替の需要が増加するので、為替レートが上昇（円安）する。
□ 日本の資本収支が黒字になると、外国為替の需要が減少するので、為替レートが下落（円高）する。
□ グスタフ・カッセル（Karl Gustav Cassel）の購買力平価説と呼ばれる為替レート決定理論によると、為替レートは通貨の購買力（各国の物価比率）によって決まる。
□ アブソープションが小さければ、貿易収支は黒字となり、アブソープションが大きければ、貿易収支は赤字となる。
□ 貿易収支 $EX-IM$ は、民間収支 $S-I$ と財政収支 $T-G$ の和に等しい。
□ マーシャル・ラーナー条件（Marshall-Lerner Condition）は、自国と海外の輸入価格弾力性が十分に大きいということを示す条件で、長期的には満たされるが、輸出入契約が通常為替レート変動前になされる関係で、短期的には満たされないと考えられている。
□ 貿易収支が赤字の場合には邦貨建て為替レートが上昇するので、貿易収支は長期的には改善するが、短期的にはマーシャル・ラーナー条件が満たされないのでむしろ悪化する。この現象はJカーブ効果として知られる。
□ マネタリー・アプローチと呼ばれる国際収支決定理論によると、完全雇用の小国においては、国際収支の恒常的赤字は、中央銀行による過大で継続的な国内信用供与（買いオペなど）によって引き起こされたものなので、国際収支を改善するためには、中央銀行による金融引き締めが必要である。
□ c を限界消費性向、m を限界輸入性向とするときの式

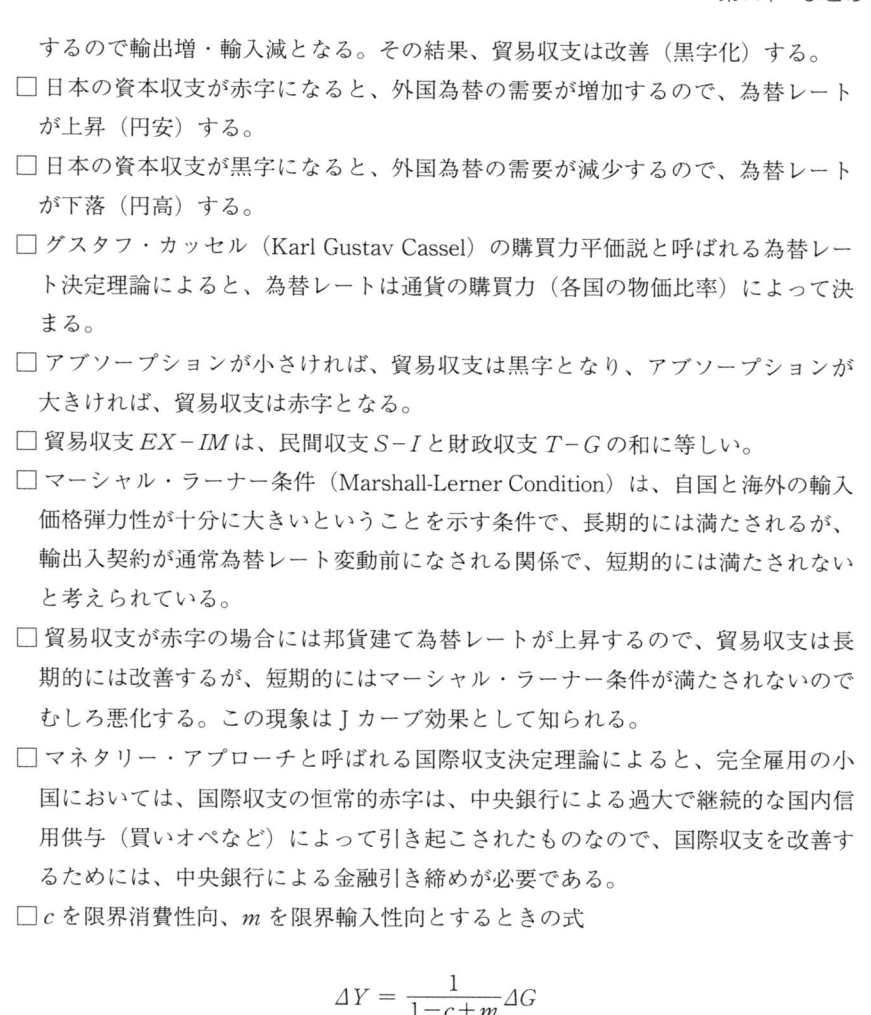

$$\Delta Y = \frac{1}{1-c+m}\Delta G$$

中の乗数は外国貿易乗数と呼ばれる。
□ 為替レート e を一定とするときに国際収支を均衡させる国民所得と利子率の組 (Y, r) からなる、Y-r 平面上の曲線のことを BP 曲線という。
□ BP 曲線は一般に右上がりとなる。BP 曲線は、為替レート e が上昇すると右シフトし、下落すると左シフトする。
□ 資本移動が完全な場合の BP 曲線は Y 軸に平行な直線となり、資本移動がない

場合の BP 曲線は r 軸に平行な直線となる。

第13章

☐ マンデル・フレミングモデルは、財・サービス市場の均衡を示す IS 曲線と貨幣市場の均衡を示す LM 曲線に、国際収支の均衡を示す BP 曲線を加えて、開放経済における財政・金融政策の効果を分析する。
☐ 為替レート e の上昇は IS 曲線を右シフトさせ、下落は IS 曲線を左シフトさせる。
☐ 資本移動が完全自由なとき、変動相場制の下では財政政策が無効となる。
☐ 資本移動が完全自由なとき、変動相場制の下では金融政策が有効となる。
☐ 資本移動が完全自由なとき、固定相場制の下では財政政策が有効となる。
☐ 資本移動が完全自由なとき、固定相場制の下では金融政策が無効となる。
☐ 資本移動がないとき、変動相場制の下では財政政策が有効となる。
☐ 資本移動がないとき、変動相場制の下では金融政策が有効となる。
☐ 資本移動がないとき、固定相場制の下では財政政策が無効となる。
☐ 資本移動がないとき、固定相場制の下では金融政策が無効となる。

付録A 問題の解答

第1章

問題1 ご飯にかけて食べるときには最終生産物で、クレープの原料として使うときには中間生産物。

問題2 小麦粉農家：10,000−0＝10,000円、卵農家：15,000−0＝15,000円、クレープ屋：30,000−10,000−15,000＝5,000円、GDP：10,000＋15,000＋5,000＝30,000円。

問題3 GDP＝30,000円＝最終生産物（クレープ）の価値の合計。

問題4 小麦粉農家：10,000−0＝10,000円、卵農家：15,000−0＝15,000円、クレープ屋：30,000−10,000−15,000＝5,000円、GDI：10,000＋15,000＋5,000＝30,000円

問題5 海外からの要素所得の受け取りは210−200＝10兆円で、海外への要素所得の支払いは20兆円なので、GNI＝100＋10−20＝90兆円。

練習問題

穴埋め問題
1．家計部門、企業部門、政府部門、海外部門
2．財、資産、労働
3．一定期間、国内、付加価値の合計、市場評価
4．固定資本減耗
5．国内総固定資本形成
6．事後的
7．海外からの純所得

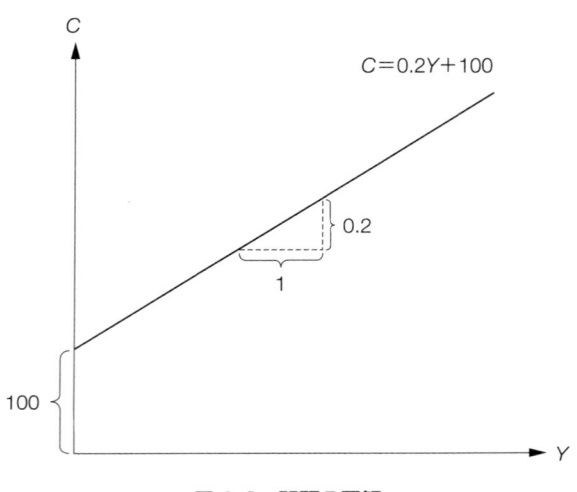

図 A.1　問題 7 正解

8. $\dfrac{名目GDP}{実質GDP}$

● 計算問題

1. 海外部門との取引がない場合には GDP ＝ 最終生産物だが、海外部門との取引を考慮する場合には、GDP ＝ 最終生産物 － 輸入中間生産物となるので、いまの場合 GDP ＝ 500×60－10,000 ＝ 20,000 円。中間生産物は輸入品でもよいということと、GDP の計算上問題となるのはいくら生産されたかだけで、売れ残りは問題にならないということに注意。

2. 2010 年の名目 GDP は 100×10＋200×5 ＝ 2000 万円となり、2010 年の実質 GDP は 70×10＋180×5 ＝ 1600 万円となる。したがって 2010 年の GDP デフレーターは 2,000÷1,600 ＝ 1.25 となり、実質賃金は 625÷1.25 ＝ 500 万円となる。

3. 雇用者報酬＋営業余剰・混合所得＋固定資本減耗＋(間接税－補助金)＝ 民間最終消費支出 ＋ 政府最終消費支出 ＋ 国内総固定資本形成 ＋ 在庫品増加 ＋ (輸出 － 輸入) なので、雇用者報酬 ＋1000＋100＋550＋(350－60) ＝ 2,200＋450＋1,700＋40＋(700－500) より、雇用者報酬 ＝ 2650 を得る。

第2章

問題6 $c(50-T)=20$、$c(60-T)=25$ の2式から T を消去して c を求めると $c=0.5$ となる。

問題7 消費関数は $C(Y)=0.2Y+100$ となるので、グラフは縦軸切片が100、傾きが0.2の直線になる。

問題8 $160=c(200-40)+80$ なので、$c=0.5$。

問題9 c の変化 $+s$ の変化 $=0$ なので、限界貯蓄性向が減少した分限界消費性向は増加する。

問題10 不等式 $S(Y)=0.2Y-100>0$ を Y について解くと、$Y>500$ が得られる。

問題11 政府部門を無視するとき、均衡国民所得は $Y=\dfrac{C_0+I}{1-c}$ で与えられる。すると、二面等価により GDP $=\dfrac{100+80}{1-0.2}=225$ 兆円となる。

練習問題

穴埋め問題

1．租税
2．貯蓄
3．$C(Y)=c(Y-T)+C_0$
4．$S(Y)=s(Y-T)-C_0$
5．0.74
6．増加
7．均衡国民所得
8．財・サービス市場
9．貯蓄のパラドックス

計算問題

1．$220=100c+C_0$、$240=200c+C_0$ から $c=0.2$ と $C_0=200$ が求まる。したがって消費関数は $C(Y)=0.2Y+200$ となり、その結果、貯蓄関数は $S(Y)=0.8Y-200$ となる。$I=200$ ならば $Y=\dfrac{400}{0.8}=500$ となり、$I=400$ ならば Y

$= \dfrac{600}{0.8} = 750$ となる。

2．日本人の消費関数は $C = 0.2Y + 80$、アメリカ人の消費関数は $C = 0.4Y + 60$ なので、日本の投資を I^J、アメリカの投資を I^A とおくと、双方の GDP が等しくなる条件は $\dfrac{I^J+80}{0.8} = \dfrac{I^A+60}{0.6}$ となり、$I^J = \dfrac{4}{3} I^A$ が得られる。したがって、日本の投資はアメリカの投資の 3 分の 4 倍でなければならない。

第 3 章

問題12 $Y^* = \dfrac{-0.2 \times 50 + 100 + 80 + 70}{1-0.2} = 300$

問題13 租税 T と政府支出 G

問題14 $I + G = 80 + 70 = 150$, $(sY - sT - C_0) + T = \{(1-0.2) \times 300 - (1-0.2) \times 50 - 100\} + 50 = 150$

問題15 $Y_s = Y$, $Y_d = 0.2(Y-50) + 100 + 80 + 70$ なので $Y_s = Y_d$ となるときの Y_d は左の Y_d の式の右辺に $Y = Y_d$ を代入して求められる。すると $Y_d = 0.2(Y_d - 50) + 100 + 80 + 70$ となるので、$Y_d^e = \dfrac{-0.2 \times 50 + 100 + 80 + 70}{1-0.2} = 300$。

また、$G = 80$ のときには $Y_d^e = \dfrac{-0.2 \times 50 + 100 + 80 + 80}{1-0.2} = 312.5$ となり、さらに $T = 40$ へと減税すると $Y_d^e = \dfrac{-0.2 \times 40 + 100 + 80 + 80}{1-0.2} = 315$ となる。

練習問題

●穴埋め問題

1．C_0, I, G, T

2．$\dfrac{-cT + C_0 + I + G}{1-c}$

3．G, T

4．セイの法則

5．総需要曲線、総供給曲線、国民所得

6．増加、増加

付録 A　問題の解答

●計算問題

1. このとき、均衡国民所得は $\dfrac{-0.2\times 50+100+80+70}{1-0.2} \to \dfrac{-0.2\times 50+100+80+80}{1-0.2}$ のように変化する。よって、均衡国民所得の増加分は $\dfrac{80-70}{1-0.2}=12.5$ となる。

2. 減税による有効需要の変化は、日本では $\dfrac{-0.6\times T+80+I+G}{1-0.6} \to \dfrac{-0.6\times(T+\varDelta T)+80+I+G}{1-0.6}$ となる。このときの増加額 $\dfrac{-0.6\times \varDelta T}{1-0.6}$ を120兆円とするには、$-\varDelta T=120\times\dfrac{1-0.6}{0.6}=80$ 兆円だけ減税すればよい。同様にアメリカでは $-\varDelta T=120\times\dfrac{1-0.8}{0.8}=30$ 兆円だけ減税すればよい。

第4章

問題16 $\dfrac{1}{1-0.2}=1.25,\ \dfrac{1}{1-0.8}=5$

問題17 $\varDelta Y_1=100,\ \varDelta Y_2=80,\ \varDelta Y_3=64,\ \varDelta Y=500$

問題18 政府支出乗数は $\dfrac{1}{1-0.2}=1.25$ で、租税乗数は $\dfrac{-0.2}{1-0.2}=-0.25$。上昇後には政府支出乗数が $\dfrac{1}{1-0.6}=2.5$ で、租税乗数 $\dfrac{-0.6}{1-0.6}=-1.5$ となる。

問題19 政府支出乗数が2.5なので政府支出の増加額は450÷2.5＝180兆円となり、租税乗数が-1.5なので減税額は450÷1.5＝300兆円となる。

練習問題

●穴埋め問題

1. $\dfrac{1}{1-c}$

2. 乗数効果

3. $\dfrac{1}{1-c}$

4. $\dfrac{-c}{1-c}$

5．均衡予算主義
6．1

●計算問題

1．ΔG 分の財が需要されるようになったので、同額の財が生産され国民所得として分配される。したがって 1 期目の均衡国民所得増が $\Delta Y_1 = \Delta G$ となるように総需要曲線 Y_d が $(1-c)\Delta G$ だけ上方シフトする。1 期目の消費需要は $c\Delta G$ となる。2 期目に $c\Delta G$ 分の財が新たに生産され、同額の国民所得 $\Delta Y_2 = c\Delta G$ が分配されるように総需要曲線 Y_d が $c(1-c)\Delta G$ だけ上方シフトする。2 期目の消費需要は $c^2\Delta G$ となる。以下これを繰り返す。すると、

$$\Delta Y = \Delta Y_1 + \Delta Y_2 + \Delta Y_3 + \cdots$$
$$= (1+c+c^2+\cdots)\Delta G$$
$$= \frac{1}{1-c}\Delta G$$

となる。

2．$-\Delta T$ 減税するとまず可処分所得が同額増加し、新たな財の需要が $-c\Delta T$ だけ発生する。この分財が生産され $\Delta Y_1 = -c\Delta T$ だけ国民所得として分配されるように総需要曲線 Y_d が $-(1-c)c\Delta T$ だけ上方シフトする。1 期目に新たな消費需要が $-c^2\Delta T$ だけ発生し、これが 2 期目に生産され国民所得 $\Delta Y_2 = -c^2\Delta T$ として分配される。このように 1 期目の均衡国民所得増が減税の場合 $-\Delta T$ ではなくて $-c\Delta T$ なので、同額の政府支出増の場合と比べて均衡国民所得の増加が小さくなってしまうのである。可処分所得の増加 $-\Delta T$ は単なる移転であって国民所得の増加ではないことに注意せよ。

第 5 章

問題20　$V = 100(1+0.25)^2 = 156.25$ 万円。

問題21　$V = 10(1+0.1)^4 = 14.641$ 万円。

問題22　$\dfrac{72}{1+0.2} = 60, \quad \dfrac{72}{(1+0.2)^2} = 50$

問題23　$\dfrac{20}{(1+0.1)} + \dfrac{20}{(1+0.1)^2} + \dfrac{20}{(1+0.1)^3} + \dfrac{20}{(1+0.1)^4} + \dfrac{120}{(1+0.1)^5} = 137.91$ 万円。

問題24 $\dfrac{100}{(1+0.05)}+\dfrac{100}{(1+0.05)^2}+\dfrac{100}{(1+0.05)^3}+\cdots = 2{,}000$万円。将来収益の現在価値と現時点で支払うべきコストを比較すると 2,000＞1,900 なので、この投資プロジェクトは実施される。

問題25 $400 = \dfrac{100}{1+\rho} + \dfrac{500}{(1+\rho)^2}$ を ρ について解くと $\rho = 0.25$ が得られる。

問題26 $70-13 = 57$ 増加する。

練習問題
●穴埋め問題
1．供給価格
2．見込み収益
3．現在価値
4．
$$C = \dfrac{Q_1}{(1+\rho)} + \dfrac{Q_2}{(1+\rho)^2} + \dfrac{Q_3}{(1+\rho)^3} + \cdots$$

5．右
6．投資の限界効率
7．利子率、投資の限界効率

●計算問題
1．$\rho = \dfrac{Q}{C}$

2．需要価格は $\dfrac{Q}{r}$ となる。$\dfrac{Q}{r} \geqq C = \dfrac{Q}{\rho}$ は $\rho \geqq r$ と同じことである。

第6章

問題27 $\dfrac{0.1+1}{0.1+0.01} \times 10 = 100$ 兆円。

問題28 $100 + 0.9 \times 100 + (0.9)^2 \times 100 + (0.9)^3 \times 100 \cdots\cdots = 1000$ 億円。したがって貨幣乗数は $\mu = 10$ となる。上の例では現金・預金比率がゼロで、準備・預金比率が法定準備率に等しいことに注意すると、貨幣乗数の公式から得られるもの

と一致することが分かる。

問題29 2年間に受け取る利息は両方とも18万円で等しい。しかし、クーポン債の方はそのうち9万円を1年後に受け取れるので、それをさらに残り1年間運用して殖やせる。その分も含めて計算すると、償還期日における総受け取り額はクーポン債の方が多くなる。

問題30 償還期日での受け取りは10万円＋100万円＝110万円。転売した場合の予想元利合計は120万円。転売した方が有利だと判断する。

問題31 この投資家は100万円を市場利子率で運用しても、1年後の元利合計は105万円にしかならないと考えるので、同じ期間に同額の投資で110万円の収益が得られると予想する既発債を購入しようとする

問題32 $x = \frac{1}{(1+r)} + \frac{1}{(1+r)^2} + \frac{1}{(1+r)^3} + \cdots$ と置いて、両辺に $\frac{1}{(1+r)}$ をかけると、$\frac{x}{(1+r)} = \frac{1}{(1+r)^2} + \frac{1}{(1+r)^3} + \frac{1}{(1+r)^4} + \cdots$ が得られる。最初の式との差をとると $x - \frac{x}{(1+r)} = \frac{1}{(1+r)}$ となるので $x = \frac{1}{r}$ が得られる。

問題33 前の問題で $F = B$, $\alpha = r$ と置けばよい。

問題34 現在の1年満期の利子率を r とすると、$(1+r)(1+0.44) = (1+0.2)^2$ より $r = 0$（0％）となる。

問題35 100万円を2年定期預金に預け入れると、2年目終了時に元利合計 $100(1+r)^2$ 円が受け取れる。そして1年後の支払いに充てるために銀行から100万円の融資を1年間受けた場合、元利支払いは $100(1+r_2)$ となるが、$100(1+r)^2 > 100(1+r_2)$ なのでこちらの方が現金保有よりも有利である。

練習問題

穴埋め問題

1．日銀券（お札）、狭義の「貨幣」（硬貨）、要求払い預金、当座預金（日銀当預）
2．ハイパワードマネー
3．$M_2 + CD$、広義流動性
4．準備預金制度
5．貨幣乗数
6．利付債（クーポン債）、割引債（ゼロクーポン債）

7．流動性選好
8．下落

●計算問題
1． $\mu = \dfrac{0.2+1}{0.2+0.04} = 5$ なので $80 \div 5 = 16$ 兆円供給すればよい。
2． $(1+0.45)^2(1+0.6) = (1+r)^3$ を r について解くと $r = 0.5$ となる。

第7章

問題36 利子率は上昇するが、$(0.04)^2 > 0.001$ なので、発生するキャピタルロスはクーポン支払いを下回る。したがって手持債券を売却すべきではない。

練習問題
●穴埋め問題
1．予備的動機、投機的動機
2．所得動機、営業動機
3．所得速度
4．キャピタルゲイン、キャピタルロス、インカムゲイン
5．貨幣
6．債券
7．流動性の罠
8．ワルラス法則

●計算問題
1．月給の場合は14万円、週給の場合は3万5千円、日給の場合は5千円。
2．キャピタル・ロスが $\dfrac{164}{0.041} - \dfrac{164}{0.04} = -100$ 万円で、インカムゲインが164万円なので、収益は64万円となる。

第8章

問題37 $0.4Y + 100r = 200$。$r = 0.2$ のとき $Y = 450$ となり、$r = 0.1$ のとき $Y = 475$ となる。

問題38 最初の IS 曲線の式は $0.4Y+100r = 220$。$T=50$ のままで政府支出を $G=5$ から $G=100$ へと増加させた場合の IS 曲線の式は $0.4Y+100r = 270$。よって右シフト。$G=50$ のままで $T=50$ から $T=100$ へと増税した場合の IS 曲線の式は $0.4Y+100r = 190$。よって左シフト。

問題39 最初の LM 曲線の式は $0.6Y-75r = 321$。$P=2$ のままでマネーサプライを $M=842$ から $M=1042$ へと増加させた場合の LM 曲線の式は $0.6Y-75r = 421$。よって右シフト。$M=842$ のままで $P=2$ から $P=4$ へと上昇した場合の LM 曲線の式は $0.6Y-75r = 110.5$。よって左シフト。

問題40 Y と r を未知数とする 2 元 1 次連立方程式

$$\begin{cases} 0.4Y+100r = 220 \\ 0.6Y-75r = 321 \end{cases}$$

を解く。すると $Y=540$ と $r=0.04$ が得られる。

練習問題

●穴埋め問題

1．IS、下がり
2．右、左
3．マネーサプライ、貨幣需要
4．下落、上昇
5．LM、上がり
6．右、左

●計算問題

1．国民所得は540から約462に減少し、利子率は0.04から約0.352に上昇する。

2．与えられた条件のもとで、租税 T に対する国民所得は $Y = \dfrac{1017-0.9T}{1.8}$ となる。当初の国民所得は $Y=540$ だったのでそれが $Y=560$ となるには $T=10$ であればよい。したがって減税額は40となる。

第9章

問題41 $E_1(r) = \dfrac{\dfrac{-50\Delta r}{100-50r}}{\dfrac{\Delta r}{r}} = \dfrac{50r}{100-50r}$ となるので $E_1(1) = 1$ となり、$E_2(r) =$

$-\dfrac{\dfrac{-25\Delta r}{100-25r}}{\dfrac{\Delta r}{r}} = \dfrac{25r}{100-25r}$ となるので $E_2(1) = \dfrac{1}{3}$ となる。

問題42 $I_1(r) = S(Y)$ は $0.4Y + 50r = 220$ となり、$I_2(r) = S(Y)$ は $0.4Y + 25r = 220$ となる。前者の方が後者よりもグラフが水平に近い。

問題43 $L_2^H(r)$ の r における利子弾力性は $\dfrac{75r}{100-75r}$ で、$L_2^L(r)$ の r における利子弾力性は $\dfrac{50r}{100-50r}$ なので、両関数の共通の定義域の点 r において $L_2^H(r)$ の利子弾力性の方が $L_2^L(r)$ の r における利子弾力性よりも大きくなる。$L_2^H(r)$ に対応する LM 曲線は $0.6Y - 75r = 321$ となり、$L_2^L(r)$ に対応する LM 曲線は $0.6Y - 50r = 321$ となる。したがって $L_2^H(r)$ に対応する LM 曲線の方がより水平に近い。

練習問題

●穴埋め問題

1. 財政政策
2. 増加、上昇
3. クラウディングアウト
4. 金融政策
5. 減少、上昇
6. 大きく、小さく
7. 金融
8. 財政

●計算問題

1. 政府支出を G とするときの IS 曲線は $0.4Y + 100r = 170 + G$ で与えられるの

で、この式に当初の利子率 $r = 0.04$ と $G = 98$ を代入すると、$Y = 660$ が得られる。クラウディングアウト後の国民所得は連立方程式

$$\begin{cases} 0.4Y + 100r = 268 \\ 0.6Y - 75r = 321 \end{cases}$$

を解くことによって求められ、$Y = 580$ となる。

2．高次の項を無視すると、等式

$$\Delta\left(\frac{1}{r}\right) = \frac{1}{r + \Delta r} - \frac{1}{r}$$

$$= \frac{r - \Delta r}{r^2} - \frac{1}{r}$$

$$= -\frac{\Delta r}{r^2}$$

が成り立つ。したがって $-\dfrac{\frac{\Delta I}{I}}{\frac{\Delta r}{r}} = 1$ となる。

第10章

問題44

N	1	2	3	4	5	6
F	11	20	28	34	39	43
MPL	9	8	6	5	4	—

問題45 N を雇用する労働者の人数とみなす。企業が生産性の高い労働者から順に雇っていくとするならば、限界生産力の逓減は自然である。例えば与えられた期間に、靴職人の佐藤さんは靴を11足、木村さんは9足、井上さんは8足、河合さんは6足、吉田さんは5足、伊藤さんは4足作る能力があったとすると、雇い主はこの順番に職人を雇っていくであろう。

問題46 実質賃金は $\dfrac{W}{P} = 6$ なので、MPL がそれと等しくなる人数 $N = 3$ を雇用する。

問題47 総供給 $Y_s(N)$ はすべて国民所得として分配されるが、それの限界消費性向倍に基礎消費を加えた分だけが消費 C に回される。したがって、$Y_s(N)$ と C の差額が投資や政府支出などによってちょうど埋め合わされない限り、総需要と総供給は一致しない。

練習問題

●穴埋め問題
1. 労働の限界生産力
2. 労働の限界生産力逓減の法則
3. 労働の限界不効用
4. 労働の限界不効用逓増の法則
5. 古典派の第一公準
6. 古典派の第二公準
7. 第一、第二
8. 非自発的失業
9. 有効需要の原理

●計算問題
1. 実質賃金が $\dfrac{W}{P}=3$ から $\dfrac{W}{P}=6$ へと変化するので、雇用量は $N=5$ から $N=3$ へと減少する。
2. 実質賃金が $\dfrac{W}{P}=3$ から $\dfrac{W}{P}=6$ へと変化するので、労働供給量は $N=1$ から $N=3$ へと増加する。

第11章

問題48 IS 曲線は $100-100r+40=0.2(Y-20)-66+20$、LM 曲線は $\dfrac{180}{P}=0.8Y+50-50r$ となるので、これら2式から r を消去すると AD 曲線の式 $Y=\dfrac{200}{P}+50$ が得られる。

問題49 AD 曲線の式は $Y=\dfrac{400}{P}+50$ となり、前の曲線が右シフトしたものとな

っている。

練習問題
●穴埋め問題
1. 総供給曲線（AS 曲線）
2. Y
3. 上がり、総供給（AS）
4. 総需要曲線（AD 曲線）
5. 下がり
6. 右、左
7. 国民所得、物価
8. 非自発的失業、国民所得

●計算問題
1. 政府支出を G とすると、IS 曲線は $0.2Y+100r = 150+G$ となり、LM 曲線は $0.8Y-50r = \dfrac{180}{P}-50$ となるので、AD 曲線は $Y = \dfrac{200}{P}+\dfrac{50+G}{1.8}$ となる。したがって $G = 40$ で $Y^f = 150$ ならば $P = 2$ となる。また、$G = 130$ ならば $P = 4$ へと上昇する。

2. 政府支出が $G = 22$ のときの AD 曲線は $Y = \dfrac{200}{P}+40$ となるので、これと $Y = \dfrac{77}{2}P$ から P を消去すると $Y^2-40Y-7700 = 0$ が得られ、$Y = 110$ が得られる。完全雇用実現のためには AD 曲線を $Y = \dfrac{200}{P}+104$ へと右シフトさせればよい。そのために必要な政府支出は $G = 137.2$ なので、政府支出をあと 115.2 増加させる必要がある。

第12章

問題50 自国物価が $P+\Delta P$ へと変化し、外国物価が $P^*+\Delta P^*$ へと変化し、為替レートが $e+\Delta e$ へと変化したとき、等式 $(e+\Delta e)(P^*+\Delta P^*) = (P+\Delta P)$ がなり立つ。左辺を展開して高次の項を無視すると $e\Delta P^*+P^*\Delta e = \Delta P$ が得られる。そして、この式の左辺を eP^* で、右辺を P で割ると $\dfrac{\Delta P^*}{P^*}+\dfrac{\Delta e}{e} = \dfrac{\Delta P}{P}$ が得

られる。

問題51 前者の国での貿易収支は黒字。後者の国での貿易収支は赤字。

問題52 e が $e+\Delta e$ へと変化したときに e^{-1} が $e^{-1}+\Delta e^{-1}$ へと変化するものとすると、$\Delta e^{-1} = \dfrac{1}{e+\Delta e} - e^{-1}$ となる。高次の項を省略すると $\dfrac{1}{e+\Delta e} = \dfrac{e-\Delta e}{(e+\Delta e)(e-\Delta e)} = \dfrac{e-\Delta e}{e^2} = e^{-1} - \dfrac{\Delta e}{e^2}$ が成り立つので、$\Delta e^{-1} = -\dfrac{\Delta e}{e^2}$ となることがわかり、求める結果が出てくる。

問題53 $Z = EX - IM > 0$ のとき為替レートは下落（円高）する。このとき、マーシャル・ラーナー条件が満たされるならば貿易収支は悪化する。しかし、短期的には満たされないので一時的に J カーブ効果により貿易収支はさらに黒字化する。

練習問題
●穴埋め問題
1. 資本収支、外貨準備増減、誤差脱漏、貿易・サービス収支、経常移転収支
2. 投資収支、その他資本収支
3. 外貨準備増減
4. 資本収支、外貨準備増減、0
5. コルレス、個別
6. 為替手形、小切手、信用状
7. インターバンク、対顧客
8. 固定相場制
9. 上昇、改善
10. 購買力平価説
11. マネタリー、赤字
12. BP、上がり、左
13. マーシャル・ラーナー条件、マーシャル・ラーナー条件、J カーブ効果

●計算問題
1. 外国物価が P^* と自国物価が P の間で $\dfrac{\Delta P^*}{P^*} + \dfrac{\Delta e}{e} = \dfrac{\Delta P}{P}$ が成り立つので、$\dfrac{\Delta e}{e} = -0.01 - 0.05$ となる。よって為替レートは 6 ％下落する。

2．輸出の変化 ΔEX と貿易収支の変化 ΔZ の間に $\Delta Z = \dfrac{1-m}{1-c+m}\Delta EX$ という関係が成り立つので、貿易収支の変化は $\dfrac{1-0.6}{1-0.6+0.2} \times 60 = 40$ の増加となる。

第13章

問題54 為替レートが e のときの IS 曲線は $0.6Y+100r = 250+0.2e$ となるので、$0.6Y+100r = 270$ となる。

問題55 為替レートが e のときの IS 曲線は $0.6Y+100r = 250+0.2e$、LM 曲線は $0.6Y-200r = 250$ なので、国内利子率 r と為替レート e の間で関係式 $300r = 0.2e$ が成り立つ。よって $r = r^* = 0.06$ ならば $e = 90$。

練習問題
●穴埋め問題
1．右、左
2．無効
3．無効
4．有効
5．無効

●計算問題
1．為替レートが e のときの IS 曲線は $0.6Y+100r = 250+0.2e$ なので、$e = 100$ のとき $0.6Y+5 = 270$、$e = 130$ のとき $0.6Y+5 = 276$ となる。よって国民所得は10増加する。

2．為替レートが $e = 123$ のときの IS 曲線は $0.6Y+100r = 274.6$、LM 曲線は $0.6Y-200r = 250$ なので、国民所得は $Y = 444$、国内利子率は $r = 0.082$ となる。したがって前半の質問に対する答えは $Y = 444$。マネーサプライが $M = 1032$ のとき LM 曲線は $0.6Y-200r = 316$ なので、現行利子率 $r = 0.082$ のもとで財市場と貨幣市場が同時に均衡しているとすると、新たな国民所得は $Y = \dfrac{316+200\times 0.082}{0.6} = 554$ となる。したがって IS 曲線は点 $(554,\ 0.082)$ を通過するようにシフトしていなければならない。$0.6Y+100r = 250+0.2e$ の中に、$Y = 554$、$r = 0.082$ を代入すると $e = 453$ が出てくる。

付録B　索引

あ 行

アーヴィング・フィッシャー　45
IS-LM 分析　77
IS 曲線　71
　　開放経済下の――　135
IS バランス　21
　　政府部門を考慮する場合の――　25
IS バランス・アプローチ　122
アブソープション　121

インカムゲイン　65
インターバンク市場　118
インフレ率　10

裏書人　117

AD-AS 分析　105
永久確定利付債券　58
営業動機　63
営業余剰　4
NI　9
NNI　9
M_2 + CD　48
LM 曲線　76

か 行

カーン（R. F. Kahn）　31
海外部門　2
外貨準備増減　111
外国貿易乗数　127
開放経済　126
額面金額　55
家計部門　1
可処分所得　15
価値尺度　52
価値保蔵　52
カッセル（K. G. Cassel）　120
貨幣　47
　　――の機能　52
貨幣乗数 μ　50
為替　116
為替決済勘定　117
為替手形　117
為替レート　117
間接税　3

企業部門　1
基礎消費　16
キャピタルゲイン　65
キャピタルロス　65

逆為替　→　取立
狭義の国民所得　9
居住者主体　8
居住者たる生産者　3
キングストン体制　119
均衡
　財・サービス市場の——　20
均衡国民所得
　——の増加・減少要因　25
均衡国民所得 Y^*　19
　投資 I を一定とする場合の——　24
均衡予算主義　36
均衡予算乗数　37
金融政策　82

クラウディングアウト　82

経済成長率　4
経常移転収支　110
経常収支　109
ケインズ型消費関数　16
ケインズ型貯蓄関数　17
限界消費性向　15
限界貯蓄性向　17
限界輸入性向　126
現金通貨　47
現金・預金比率 $α$　48

硬貨　47
交換の媒体　52
広義流動性　48
購買力平価説　120
国際収支統計　109
国内総固定資本形成　5

国内総所得　4
国内総生産　2
国内領土　3
国民経済計算　1
国民所得
　市場価格表示の——　9
　要素費用表示の——　9
国民所得 Y　12
国民純所得　9
国民総所得　9
国民総生産　8
誤差脱漏　111
固定資本減耗　5
固定相場制　119
古典派の第一公準　92
古典派の第二公準　94
個別決済　116
雇用者報酬　4
コルレス契約　116
コルレス先　116
混合所得　4
コンソル債　58

さ　行

サービス収支　109
債券　55
在庫品増加　6
最終生産物　2
財・サービス市場　2
　——の均衡　20
財政政策　81
　拡大的な——　105
　縮小的な——　105

財務省　47
三面等価　7, 19, 23

GNI　9
GDI　4
GDP　2
　実質——　10
　名目——　10
GDP デフレーター　10
J カーブ効果　124
時間選好　57
資産市場　2
支払指図　116
資本移転　111
資本収支　110
仕向銀行　116
集中決済　116
純間接税　9
準備預金制度　47
準備・預金比率 β　48
純輸出　9
小国　124
乗数　31
乗数効果　33
乗数理論　31
消費 C　12
所得収支　110
所得速度　65
所得動機　63

ストック　50

生産関数 $Y_s(N)$　91
セイの法則　27

政府最終消費支出　6
政府支出 G　12
政府支出乗数　35
政府部門　2
全銀システム　116

総供給 Y_s　12
総供給曲線　23
総供給曲線 AS　101
　ケインズの——　102
　古典派の——　101

送金　117
送金人　116
総需要 Y_d　12
総需要曲線　23
総需要曲線 AD　104
総投資の限界効率表　43
租税　15
租税乗数　35
その他資産　111
その他資本収支　110

た 行

対顧客市場　118

中間生産物　2
貯蓄　15
　——のパラドックス　21

投機的動機　64
投資 I　12
投資

175

——の供給価格　40
　　——の限界効率　41
　　——の限界効率表　42
　　——の需要価格　41
　　——の見込み収益　41
投資関数 $I(r)$　44
投資収支　110
投資乗数　32
取立　118
取引動機　63
同時均衡
　財・サービス市場と貨幣市場の——
　　77
　労働市場、財・サービス市場、貨幣市場
　　の——　105

　　　　　　な　行

名宛人　117
内国為替　116
並為替　→　送金

二重の欲望の一致　52
日銀当預　47
日本銀行　47

　　　　　　は　行

ハイパワードマネー H　47

被裏書人　117
被仕向銀行　116
非自発的失業　97
BP 曲線　129

　　資本移動が完全な場合の——　131
　　資本移動がない場合の——　132

付加価値　2
不効用　93
振出人　117
フロー　50
フロート制　119

物価 P　12
ブレトン・ウッズ体制　119

変動相場制　119
ペッグ制　119

貿易・サービス収支　109
貿易収支　109

　　　　　　ま　行

マーシャル・ラーナー条件　124
マクロ経済学　1
マネーサプライ M　48
マネタリー・アプローチ　125
マンデル・フレミングモデル　135

ミクロ経済学　1
民間最終消費支出　6

　　　　　　や　行

有効需要　27
　——の原理　27, 98
輸出　6, 109

輸入　109
輸入需要価格弾力性　122

要求払い預金　47
預金通貨　47
予備的動機　64

ら 行

利子弾力性
　　貨幣需要の——　85
　　投資の——　84
利子率　56
利付債（クーポン債）　55
流動性　56
　　——の罠　68
流動性関数 $L_1(Y), L_2(r)$　65

流動性選好　57

労働
　　——の供給関数　93
　　——の限界生産力 $MPL(N)$　91
　　——の限界生産力逓減の法則　91
　　——の限界不効用 $MDL(N)$　93
　　——の限界不効用逓増の法則　93
　　——の需要関数　93
労働市場　2

わ 行

割引現在価値　40
割引債（ゼロクーポン債）　55
ワルラス法則　69

●著者紹介

野口光宣（のぐち・みつのり）

1986年米国デューク大学大学院博士課程数学研究科修了（Ph. D 取得）
オハイオ州立大学理学部数学科専任助教授、名城大学商学部教授などを経て、現在、名城大学経済学部・大学院経済学研究科教授。
主な研究業績：Large but finite games with asymmetric information, *Journal of Mathematical Economics*, 2010年3月第46巻2号、Price-dependent consumption externalities and non-existence of equilibria, *Journal of Mathematical Economics*, 2009年3月第45巻3-4号、Existence of Nash equilibria in large games, *Journal of Mathematical Economics*, 2009年1月45巻1-2号 ほか

最低限必要（さいていげんひつよう）なマクロ（ま く ろ）経済学（けいざいがく）
要点だけで完全理解

2010年9月20日　第1版第1刷発行
2018年4月30日　第1版第5刷発行

著　者──野口光宣
発行者──串崎　浩
発行所──株式会社　日本評論社
　　　　〒170-8474　東京都豊島区南大塚3-12-4
　　　　電話　03-3987-8621（販売），8595（編集）
　　　　振替　00100-3-16
印　刷──精文堂印刷株式会社
製　本──井上製本所
装　幀──林　健造
検印省略Ⓒ　M. Noguchi, 2010
Printed in Japan
ISBN978-4-535-55647-8

JCOPY　〈(社) 出版者著作権管理機構　委託出版物〉

本書の無断複写は著作権法上での例外を除き禁じられています。複写される場合は，そのつど事前に，(社) 出版者著作権管理機構（電話 03-3513-6969，FAX 03-3513 6979，e mail: info@jcopy.or.jp）の許諾を得てください。また、本書を代行業者等の第三者に依頼してスキャニング等の行為によりデジタル化することは，個人の家庭内の利用であっても，一切認められておりません。

経済学の学習に最適な充実のラインナップ

入門｜経済学 [第4版]
伊藤元重／著　　　　　　　　　(3色刷) 3000円

金融論 [第2版]
村瀬英彰／著 [新エコノミクス・シリーズ] (2色刷) 2200円

例題で学ぶ 初歩からの経済学
白砂堤津耶・森脇祥太／著　　　　　　2800円

例題で学ぶ 初歩からの計量経済学 [第2版]
白砂堤津耶／著　　　　　　　　　　　2800円

マクロ経済学 [第2版]
伊藤元重／著　　　　　　　　　(3色刷) 2800円

[改訂版] 経済学で出る数学
尾山大輔・安田洋祐／編著　　　　　　2100円

マクロ経済学パーフェクトマスター [第2版]
伊藤元重・下井直毅／著　　　　(2色刷) 1900円

経済学で出る数学 ワークブックでじっくり攻める
白石俊輔／著　尾山大輔・安田洋祐／監修　1500円

入門｜マクロ経済学 [第5版]
中谷 巌／著　　　　　　　　　(4色刷) 2800円

例題で学ぶ 初歩からの統計学 [第2版]
白砂堤津耶／著　　　　　　　　　　　2500円

スタディガイド 入門マクロ経済学 [第5版]
大竹文雄／著　　　　　　　　　(2色刷) 1900円

入門 公共経済学
土居丈朗／著　　　　　　　　　　　　2800円

マクロ経済学入門 [第3版]
二神孝一／著 [新エコノミクス・シリーズ] (2色刷) 2200円

入門 財政学
土居丈朗／著　　　　　　　　　　　　2800円

ミクロ経済学 [第3版]
伊藤元重／著　　　　　　　　　(4色刷) 3000円

実証分析入門
森田 果／著　　　　　　　　　　　　3000円

ミクロ経済学パーフェクトマスター
伊藤元重・下井直毅／著　　　　(2色刷) 1900円

最新 日本経済入門 [第5版]
小峰隆夫・村田啓子／著　　　　　　　2500円

ミクロ経済学の力
神取道宏／著　　　　　　　　　(2色刷) 3200円

経済論文の作法 [第3版]
小浜裕久・木村福成／著　　　　　　　1800円

ミクロ経済学の技
神取道宏／著　　　　(2色刷)◆2018年4月刊行予定

経済学入門
奥野正寛／著 [日評ベーシック・シリーズ]　2000円

ミクロ経済学入門
清野一治／著 [新エコノミクス・シリーズ] (2色刷) 2200円

財政学
小西砂千夫／著 [日評ベーシック・シリーズ]　2000円

ミクロ経済学 戦略的アプローチ
梶井厚志・松井彰彦／著　　　　　　　2300円

総力ガイド！これからの経済学
経済セミナー編集部／編 [経済セミナー増刊]　1600円

しっかり基礎からミクロ経済学 LQアプローチ
梶谷真也・鈴木史馬／著　　　　　　　2500円

進化する経済学の実証分析
経済セミナー編集部／編 [経済セミナー増刊]　1600円

〒170-8474 東京都豊島区南大塚3-12-4　TEL：03-3987-8621　FAX：03-3987-8590　**日本評論社**
ご注文は日本評論社サービスセンターへ　TEL：049-274-1780　FAX：049-274-1788　https://www.nippyo.co.jp/